The Complete Book of
Incense, Oils & Brews

願いを叶える
魔法の香り事典

スコット・カニンガム 著
監修：木村正典　訳：白井美代子

by Scott Cunningham

THE COMPLETE BOOK OF INCENSE, OILS & BREWS
Copyright © 1989 Scott Cunningham
Published by Llewellyn Publications
Woodbury, MN 55125 USA
www.llewellyn.com

Japanese translation rights arranged with
Llewellyn Publications, a division of Llewellyn Worldwide LTD.
through Japan UNI Agency, Inc., Tokyo

ハワイのラアウラパアウ（薬草学）のカフナ、モーガナへ

謝辞

　幅広いハーブ関連の蔵書を利用させてくださったマリリーとエドに感謝します。またマリリーにはインセンスの調合に関する専門知識を教えていただき、彼女のレシピの一部を本書に掲載する許可をいただきました。

　魅力ある著書『Brujeria: A Study of Mexican-American Folk-Magic』(「ブルヘリア：メキシコの民間魔術の研究」未訳) に収録されたオイルとインセンスのレシピを一部、本書に転載することを許可してくださった著者のM・V・ディバインに心よりお礼を申しあげます。

　またロン・ガーストは、親切にもオイルとインセンスに関する議論の相手をしてくれたことに感謝しています。

　この改訂版に向けて意見を寄せてくださり、本書が完成するように叱咤激励してくださった大勢の友人、読者、批評家の皆様にお礼を申しあげます。またこのような機会を与えてくださったルウェリンのカール・ウィシュケにも感謝しています。

　ザ・クリスタル・ケイブ (カリフォルニア州クレアモント) のアネラ、アイ・オブ・ザ・キャット (カリフォルニア州ロングビーチ) のジュディ、ムーン・マジック (コロラド州リトルトン) のカレンには、珍しいハーブや精油を入手する際にお世話になりました。

　また、過去の著者の方々にもお礼を言わねばなりません。彼らは、地上の香り高い宝物と調和しながら、その豊かさを後世の人々が収穫できるように、と秘密の一部を収録することに尽力し、現代に残してくれました。

　そして私が最初に師事したモーガン (ドロシー) へ最後に感謝の言葉を述べさせてください。彼女はブリュー (魔法のハーブ水)、インセンス (お香)、オイルの秘密を教えてくれましたが、私がそのすべてを理解したのはそのずっとあとのことでした。

The Complete Book of Incense, Oils & Brews

CONTENTS

謝　辞 ……………… 5
改訂版の序文 ……………… 8
まえがき ……………… 10

PART I　基本事項

警　告

第1章　魔法について ……………… 16
第2章　調合比率について ……………… 27
第3章　パワーを注ぐ儀式 ……………… 31
第4章　材料 ……………… 35
第5章　自分のレシピを作る ……………… 48

PART II　手順とレシピ

インセンス（お香） ……………… 56
オイル ……………… 121
オイントメント（軟膏） ……………… 151
インク ……………… 160
ティンクチャー（チンキ剤） ……………… 166
ハーブバス ……………… 175

バスソルト	185
ブリュー（魔法のハーブ水）	193
儀式用石鹸	204
サシェ、ハーブのお守り	211
パウダー	225
レシピ集	232

PART Ⅲ　代用品

はじめに	242
魔法の代用品一覧	249
特定の代用／魔法の目的／惑星の代用／四大元素の代用／占星術の代用	
用語集	273

付　録

・色　　・参考文献
・植物名の索引／一般名称と解説

改訂版の序文

　何年か前、私は魔法の香料であるインセンス、オイル、サシェ、その他のハーブ製品について概説する本を書き始めました。インクや軟膏などあまりなじみのないものも取りあげて、魔法の薬草学のあらゆる側面に対する人々の関心を高めようとしました。1985年にその本が完成し、翌年、ルウェリン・パブリケーションズから『The Magic of Incense, Oils and Brews』(「インセンス、オイル、ブリューの魔法」未訳) として刊行されました。

　本を出してもなお、このテーマに関して書き尽くせていないことに私は気づきました。その後も私は神秘的な薬草学の技を実践し続けました。知識が深まるにつれて、同書を大幅に補った本が必要だと悟りました。

　そしてこの改訂版ができたのです。初版の情報は大方そのまま残し、より完成度を高めました。100を超える新しいレシピを追加し、その大部分に読者から要望があった調合比率を示しました。すべてのページをわかりやすいように書き換え、章と項目をいくつか追加しました。

　PART Ⅰの第4章「材料」は、ハーブのブレンドに使用する植物とオイルを一般的なものから珍しいものまで概観し、推奨できる代用品を紹介します。

　同第5章「自分のレシピを作る」は、まさにタイトル通りです。手順ごとに説明しながら詳しく解説します。

　PART Ⅱの「ティンクチャー (チンキ剤)」の項では、オイル抽出法の代用として、植物の香りをアルコールでとらえる簡単な方法を紹介。「儀式用石鹸」では、さまざまな目的で使用する魔力を持つ石鹸の簡単な作り方を詳しく教えます。

　「パウダー」の項では、細かくしたハーブのブレンド製法と珍しい使用法を紹介します。

　PART Ⅲの「はじめに」では、魔法に使う適切な代用品の例を多数紹介し、表も大幅に補いました。特徴としては、具体的な代用品のリストを追加したこ

とです。たとえばベラドンナの代用品はタバコ。サンダルウッド（白檀）の代用品はシーダーといったリストです。

また、各種の用語を定義する「用語集」を追加し、「植物名の索引」にはすべての植物名に、紛らわしさを排除するためのラテン語名を並記しました。

改訂版の原稿は初版の倍近い量になりました。もちろん私は今なお学習途上ですが、本書はこのテーマに関する総合的な入門書として活用していただけるものと感じています。

本書は拙著『願いを叶える魔法のハーブ事典』（パンローリング刊）と併せて読み、併用されることを想定していますが、もちろん本書単独でもお使いいただけます。

結局のところ、最高の教師はハーブそのものです。文章はハーブが教えてくれることを反映しているにすぎません。大地の秘密を知るには植物や花や木に目を向けなければなりません。本書のような文献は、その道を示す道標となります。

できるだけ植物に会いに外へ出ましょう。植物を生活に取り入れ、そのエネルギーに気づいてください。インセンスが燻り、魔法のハーブ水がフツフツと煮え、オイルが香りを放つとき、そのエネルギーを取り込んでください。

儀式のための薬草学は、この世を去って久しい私たちの先人からの贈り物です。それは、いにしえより伝わる自然に触れる技です。秘密はそれを見つけたいと願う人にだけ明かされます。

1987年10月31日

カリフォルニア州サンディエゴにて
スコット・カニンガム

まえがき

　何千年も前から、私たちの祖先はハーブを使って様々な魔法の材料を作ってきました。貴重な軟膏は動物の角の器やガラス瓶に保存され、魔法の変容を引き起こす目的で身体に塗布されました。魔法のハーブ水は、邪気や災いを追い払うために飲んだり撒いたりされました。香りのよい樹皮や樹木は燃える木炭にくべて、香りとパワーを引き出していました。

　このようなサシェ、軟膏、ブリュー、インセンス、オイルのレシピは、秘伝として扱われることが多く、魔法の本や魔術書、あるいは人の心の奥深くに隠されてきました。星明かりの下に集まる「賢者」のサークルに入ると、こうした秘密のレシピが明かされ、弟子たちは儀式や魔法を日常生活で使うことを許されたものです。

　秘密のベールが外され、昔の魔法を誰でも共有できるようになった今、魔法を使うためだけではなく純粋に楽しむために。また、昔使われていたハーブ水やインセンスを調合してみたいという要望に応えるために。新たな魔法のレシピを集めた、信頼できる総合的な資料が必要になってきました。

　戸棚を充実させるには、インセンス、オイル、ハーブを調合しなければなりません。葉とオイルを混ぜることでハーブのパワーを調整し、エネルギーを融合させるのです。ハーブの力を発揮させる作業を大勢の人が楽しんでいます。ですが、こういうことに疎い人も大勢いるようです。

　そのために本書が生まれました。インセンスの調合法を知っている人はごく少数のようです。かつては魔法や宗教儀式において、インセンスはオイルよりもはるかに重要でした。また魔女が大釜で秘薬を煮詰めている場面は有名ですが、魔法のハーブ水の製造技術は軟膏の調合法と同様、急速に廃れつつあるようです。

　そこで、本書ではほとんど知られていない魔法のレシピを紹介しています。空腹を満たす料理とはいきませんが、自分や大切な人の生活を豊かにし、改善

する調理法であることは間違いありません。

　言うまでもないことでしょうが、類書にあるような呪いのための「邪悪」なレシピは載せていません。

　また、掲載したレシピは主にヨーロッパの魔法およびウイッカの資料から入手したものです。いわゆるブードゥー教の黒魔術のレシピは、詳しく扱った本が他にあるので、意図的に除外しました（詳しくは、巻末の「参考文献」を参照）。またここ50年ほどのあいだに、なんらかの印刷物に繰り返し掲載されてきたレシピも載せていません。

　本書のレシピの一部は先人たちから受け継ぎ、それ以外は古い写本から転載したり、友人に教えてもらったり、必要に応じて独自に進化してきたものです。中にはかなり古いものもありますが、正しい方法で作成し、パワーを注いで使用すれば効果があるでしょう。

　ハーブとハーブの魔法に本格的に親しむには、実際に使ってみることです。直接ハーブから学びましょう。まずは、インセンス、ハーブオイル、ブリューを調合してみるのが最も簡単で効果的な学習方法のひとつです。

　魔法は実用的であるべきです。午前３時に防御のインセンスが必要になったら自分で作れないといけません。本書では、その方法を教えます。

　技術が進歩した現代社会において、大勢の人が母なる大地やハーブと魔法に関心を向けていることを知って、面白がる人がいるかもしれません。人々はコンピュータを使って魔法をかけ、明るいブラウン管に映し出されるルーン文字の魔法で目をくらまされるのを待っています。

　ですが、伝統的な古いやり方を大事にする人々（魔女、魔法使い、魔術師、賢女）は、お湯を入れた桶に香油を注ぎ、インセンスを焚き、魔法のハーブ水を飲みます。彼らはハーブやジェスチャー、呪文などを使って魔法をかけ、自然の産物に宿るシンプルながらも強力なパワーを活用します。エネルギーを注ぎながら目的にパワーを定めるのです。パワーは勢いよく放たれ、魔法が行われます。

　ハーブの魔法は自然の魔法であるため、自然の材料しか必要としません。最も効果があるのは本書に掲載した「防御のインセンス」、「愛のハーブオイル」、「ヒーリング・ハーブバス」です。これらを使うことで人生が変わり、私たち

自身を変えることができます。
　あらゆる変容が楽しいものであることを願っています。

PART I 基本事項

The Complete Book of
Incense, Oils & Brews

警告

　本書のレシピには危険な材料を含むものがあります。そのようなレシピは（要注意！）と忠告し、有害な材料に（☠）印を添えました。危険なハーブ（ヘンベイン、ヘレボア、ユー等）は飲食したり、傷ついた皮膚に塗布したり、インセンスとして焚いた煙を吸い込んだりすると健康を害し、命に関わることがあります。使用する際はくれぐれも注意してください。

　実のところ、危険な材料は一切使用しないほうが安全です。有毒なハーブの販売や使用はたいていの場合、法律で禁止されており、多くは所持するだけで安全が脅かされることがあります。

　危険なハーブを含むレシピを掲載したのは、それらが昔から使われてきたからです。充分に警告しているので、有毒なブレンドを使ってみようとする浅はかな人でも、それに伴う危険に気づかない。と、いうことがないことを願います。

　さらに294ページ以降の「植物名の索引」に、安全性に応じて印をつけました。たとえば、（✘）と表示した植物は絶対に摂取してはいけません。（▲）と表示した植物は扱いに注意を要します。特に使用する人の健康状態（糖尿病、モノアミン酸化酵素（MAO）阻害剤を使用している、腎臓病など）によっては有害な影響を及ぼすことがあります。また（Ⓟ）と表示した植物は、妊娠中もしくは授乳中に使用してはいけません。

　この他の重要な注意事項を以下にも挙げます。

　オイル、インセンス、バスソルト、石鹸、ティンクチャー、サシェ、パウダーは飲んではいけません。精油は必ず希釈し、子どもの手の届かない場所に保管しましょう。万が一、過剰に摂取した場合は、「公益財団法人日本中毒情報センター」に連絡してください。

植物と精油の多くは有毒です。ハーブには今なお不明な点があるので、ハーブと精油の取り扱いにはくれぐれも注意してください。植物は薬物です。体内に取り込むものは、最新のハーブの参考書で確認してください。

　本書に掲載した情報は、情報提供のみを目的としており、合法的・医学的・あるいは心理学的な助言を提供することを狙ったものではありません。そのような案件で助けを必要とする場合は、弁護士や医師、精神科医にご相談ください。

第1章
魔法について

　魔法とは、最も古い科学の副産物です。これは天文学、科学、あるいは生物学よりもはるかに歴史があります。この場合の「科学」とは、ごく初期における自然の研究です。季節はどうして移り変わるのか、潮の干満はなぜ起こるのか、あらゆる生き物はなぜ生まれて死ぬのかといった未知の研究です。

　魔法は、自然のエネルギーを利用して必要な変化を起こすことを意味しています。古代人が身のまわりにある目に見えない力を発見したときに魔法は誕生しました。重力、電力、磁力といった言葉が生まれるはるか以前から、人間はそうした力の影響に気づいていたのです。木の実は地面に落ち、雷は木を倒しました。乾燥した日に動物の毛皮をこすると火花が散りました。不可解なことに、金属の岩は鉄の小片を引き寄せました。

　ですが、これまで科学の教義に受け入れられてきたよりも多くのことを古代人は発見していました。彼らは人間と特定の場所とのつながり、人間と大地とのつながりに気づいていたのです。植物や動物や鉱物に力が宿っていることを直感的に理解していました。意思や必要に応じて動かすことのできる自分の体内エネルギーを感じていたのです。

　魔法は何世紀にもわたる試行錯誤とインスピレーションの末に生まれました。魔法は、すばらしい潜在能力を引き出し、人を助けたり、また傷つけたりもしますが、個人の力を発揮するための道具として進化してきたのです。

　魔力は大地だけでなく星や天体からも湧き出しています。魔力は風や岩や木に宿り、火や水や私たちの身体に宿っています。このような力を呼び覚まして一定の目的に方向づけることが「魔法を使う」ということです。

　ハーブの魔法は、植物のパワーを利用する特殊な方法です。インセンス、オ

イル、バスソルト、ブリュー、ティンクチャーを使用します。カラーキャンドルに香油を塗り、ホルダーに立てて火を灯し、魔法で叶えたいことをイメージするだけの簡単なものもあります。

　複雑な儀式では複数のキャンドル、何種類ものオイル、インセンス、チャント（詠唱）、儀式用の衣装を目的に合わせて使用することもあります。ハーブの魔法は、簡単にも複雑にもなります。どうするかはあなた次第です。

　魔法は個人的な技です。使うためには実際にやってみるしかありません。実践しなければ結果は出ません。進んで自分の手を汚して魔法を使えば、人生も自分自身もともに、すぐによい方向へ変えることができるでしょう。

　本書は、ハーブを使う儀式の手順とレシピを概説しています。調合したハーブは、それ自体がエネルギーを備えています。簡単な儀式とともに使用すれば効果ははるかに高まります。

　魔法になじみのない読者は「それはすばらしい。どのように使えばいいのですか？」と、すぐに答えを聞きたくなるかもしれません。

　調合したハーブの使用法はPART Ⅱにありますが、PART Ⅰでも魔法の基本を簡単に説明しています。

誰も傷つけてはならない

　最初にこの話題に触れましょう。これはあらゆる魔法の鉄則です。誰も傷つけてはいけません。あなた自身はもちろん、敵も含めてです。

　私にとって魔法は愛の行為であり、私の人生に光と秩序をもたらす手段です。他の大方の実践者も同じでしょうが、中にはそうは思わない人もいます。

　多くの人はうるさい上司や不誠実な友人やパートナー、あらゆる架空の敵に対して使用する優れた武器として魔法と関わります。

　彼らはすぐに真実を知るでしょう。人をコントロールしたり操ったりして自分の意のままにしたいなら、魔法は不向きです。人に害を及ぼしたり、傷つけたり、殺したりしたいなら、魔法は不適当なのです。誰かがあなたと恋に落ちたり、すぐにもベッドをともにしたりするように仕向けたいなら、魔法は向きません。

魔法をそういうことに使おうと企む人がいないわけではありません。ですがしばらくすると、彼らはどういうわけか静かに姿を消していきます。

悪意のある素人魔術師（そういう人は素人と決まっています）は、こう考えます。「私があいつに呪いをかけても、私の身には何も起こらない。私は守られているからだ！」と。

彼らはたぶん、外部からのネガティブな力をかわす魔法の防御法を知っているのでしょう。しかし、そのような防御法は攻撃に対して無力で、最後には足を払われて倒されるに違いありません。そのような「呪い」はどこに源があるのでしょうか？　自分の内面です。

有害な魔法を実践すると、自分の内面の最も暗くて危険な側面が呼び覚まされます。ヒーローは、邪悪な魔術師の不正を正すために呪いをかける必要はありません。妖精のプリンセスは、邪悪な魔術師を魔法の杖で打つ必要はないのです。魔法を悪用する者は自分自身を呪うことになるのです。なぜなら、彼らは自分の内面から湧いてくるネガティブな激しいエネルギーを解放することで呪っているからです。その呪いは遅かれ早かれ必ず自分に戻ってきます。

ですから、そういうことに魔法を使おうとしている人は考え直してください。はじめに警告しておきます。

もっと微妙な魔法の乱用もあります。誰かを呪ってやると脅したり、人に呪いをかけられるぞとほのめかすのは、たとえ実際にはそのつもりがなくても、「誰も傷つけてはならない」というルールに反します。誰かを心理的に傷つけることは、その人の魂や身体を傷つけるのと同じくらい悪いことであり、そのように発言することでやがて自分自身に呪いがかかります。

異性と親密になる手段としての魔法の秘密を教えてやろうと約束することも、確実に自分を破滅に陥れます。

これは私の意見ではなくて事実です。どうするかはあなたにお任せします。

人のために魔法を使うとき

友人が病気になり、その人を助けたいとします。友人のためにヒーリングの儀式を行う前に、あらかじめ助けてほしいかどうか本人に尋ねましょう。相手

の希望を確かめるのです。
　人のためにどんな儀式を行う場合も同じです。事前に許可を得ましょう。笑い話になるようなことだとしても、です。望まない人に（もしくは結果を受け入れる準備のできていない人に）たとえ前向きな内容であっても魔法を使えば、相手を操作することになります。ですから、誰も傷つけないように、ハーブの調合を始める前に相手の意向を確かめてください。

目的

　家の防御、健康、愛、お金。これらは魔法の目的もしくは意図になります。
　あらゆる魔法の中心には目的があります。目的がないなら儀式を行う必要はありません。目的は必ずしも世俗的なものではありません。儀式は、魔術師が霊的な状態に同調するのを助ける（たとえば神と波長を合わせるのを助ける）ために行うこともあります。
　サイキック能力（潜在意識）、あるいは覚醒している状態（顕在意識）を強化するための儀式もあります。
　魔術師は通常、まず目的を明確にしてから現実的な手段でその目的を達成しようとします。それがうまくいかない場合に儀式（魔術）を行うのです。
　目的によっては、通常の方法では達成できないものもあります。その場合は現実的な方法を行わず、ただちに魔法を使用するのです。

パワー

　魔法で発揮されるパワーは私たちの身体だけでなく、ハーブや石、その他、地上にある自然の産物に宿っています。そのパワーは悪魔的でも、危険でも、邪悪でもありません。また超自然的でもないのです。魔法のパワーは、生命力そのものです。
　長時間、運動すると疲れるのはなぜでしょうか。それは、身体が大量のエネルギーを放出したからです。
　花は大地から切り取られると早いうちに枯れてしまいます。（栄養という形

で）大地のエネルギーを受け取れなくなるからです。

　これがハーブの魔法で使用するエネルギーです。つまり、その人のパワーと植物に宿るパワーです。このふたつの力を合体させ、内から外へと流し、目的と方向を与えることで、ハーブの魔術師は必要な変化を起こすのです。

　ハーブの魔法において（あるいはどんな魔法でも）私たちはこのエネルギーを呼び出して解放しなければなりません。それを達成する方法はいくつもあります。特に効果的なものが感情を利用する方法です。

　魔法の儀式を行うのはたいてい必要に迫られてのことです。あなたが何かを必要とし、求め続けていれば、あなた個人のパワーはその目的に向かって集中します。インセンスを調合するとき、そのパワーも混ざります。キャンドルに火を灯すとき、そのパワーを込めて火をつけましょう。

　多くの儀式に効果が見られないのは、まさに魔術師が目下の仕事に集中していなかったからです。あるいはその魔術師は何かを必要としていながら、本当はそれを望んでいなかったのかもしれません。いずれの場合も、当人のパワーがインセンスやオイルやブリューにうまく伝わらなかったため効力を発揮しなかったのです。

　とはいえ、ハーブや香り自体にパワーがないということではありません。そこにもパワーは宿ります。ですがエンジンを始動させないと車が動かないように、調合したハーブが効果を発揮するには、その人のパワーで「始動」させないといけないのです。

　いくつかアドバイスをします。まず、目の前の作業に集中しましょう。たとえば、友人にインセンスでヒーリングをしようとした場合、レシピにあるローズマリーを粉にするときでさえ、その友人が健康になった姿を思い浮かべながら挽きます。お金を招くためのハーブオイルを調合している場合は、オイルが効果を発揮している様子に意識を集中します。

　鮮やかなイメージを思い浮かべられるなら、儀式のあいだけではなく、準備中も魔法の視覚化（イメージすること）を実践してみましょう。調合したハーブが効果を発揮する様子を心の目で見てください。すでに目的を果たしているところを思い浮かべましょう。それによってあなたのパワーがハーブに伝わります。儀式ではハーブから放たれたエネルギーがあなたのパワーと融合して、

魔法で叶えたいことを実現します。

　魔法の視覚化は調合したハーブを「始動」させるのに最良の方法ですが、うまく視覚化できなくても心配はいりません。目的にただ意識を集中させましょう。そのあとは、ハーブが仕事をしてくれます。

祭壇

　祭壇は、魔法を行う際に中心となる場所です。必ずしも宗教的な礼拝堂のような場である必要はありませんが、魔法で使用するパワーはあらゆる宗教の中心的要素です（それは魔法、宗教、神の本質を解く鍵となります）。ハーブを扱い、魔法の儀式を行う平らな場所さえあれば、どこでも祭壇になります。

　魔法は、必要に応じてどこでも使えます（屋外が望ましい）。またそうでなければいけませんが、屋内で行う場合は場所を決めておきましょう。そのため、常時使える祭壇（魔法を行う場）を用意することをおすすめします。コーヒーテーブル、きれいに片づけたドレッサー、あるいは部屋の隅に置いた小さいテーブルで充分です。何日か物を置いておける場所が理想的です。魔法によってはある程度の期間、続ける必要があるからです。

　魔術師は色つきの布を祭壇にかけることがよくありますが、これは必要ありません。高価な香炉や光る銀の燭台といった美しい道具もいりません。飾りのない平らなスペース（材質は木が望ましい）があれば充分です。

　高次元の力を讃えて祭壇でキャンドルに火を灯したければ、そうしてください。神（もしくはあなたにとって神に相当するもの）に花を供えたい場合も同様です。最大の効果を得るには、魔法は個人的に満足を与えてくれるものでなければなりません。ですから、あなたが感動できる祭壇を作りましょう。

タイミング

　昔、人間が自然のサイクルに合わせて生活していた頃は、魔法を使うタイミングがかなり重視されていました。愛の魔法（あらゆる前向きな儀式）は月が満ちるあいだ（新月から満月にかけて）に行われました。病気や害虫や問題を

追い払うための魔法は、月が欠けるあいだ（満月から新月にかけて）に行うのが望ましいとされていました。

　また魔法の儀式を行うとき、最も効果を発揮する時間を決めるため、1日のうちの時間帯、曜日、1年のうちの月や季節が考慮されることもありました。占星術の知識がある魔術師は、惑星の位置も調べながら行いました。

　数世紀前まで魔術の主な使い手（自然の力を利用するもの）は、字の読めない農民や平民でした。そのため、魔法のタイミングを計る方法は、とても複雑すぎて彼らには使いこなすことができませんでした。たとえば、赤ん坊が病気になったとき、母親は月が欠け始める2週間先まで待ったりせずにすぐ魔法を使ったことでしょう。彼らは、魔法が（ただの迷信ではなく）、実用的なことだと理解したうえで必要なときにすぐに使っていたのです。
　ハーブの魔術師の中には、いまだにタイミングを重視する人がいます。私の考えでは、ごく少数の例外を除けば、タイミングを計る必要はないと感じています。

　魔法では、私たちは自分の身体、ハーブ、色を介して伝わる宇宙のエネルギーを使います。宇宙のエネルギーですから、起源も作用する範囲も影響を及ぼす対象も宇宙全体に及びます。
　月が新月に向かっているので繁栄の儀式は行えないと言う人がいたら、「別の惑星を回っている月は、今まさに満ちていて、両方で相殺されますよ」と、私は教えます。
　私は魔法を行うタイミングをこのように見ているからです。タイミングを重視する方は、どうぞ昔のやり方に従ってください。

道具

　魔法の道具は家にあるものを活用したり、通販で購入したり、あるいは自分で簡単に作ることもできます。ハーブの魔法および手順の大方は、次の道具があれば間に合います。

- 乳鉢と乳棒（ハーブの粉砕用）
- 非金属製の大きいボウル（調合用）
- 小さいスプーン（インセンス用）
- 香炉（インセンスを焚く）
- スポイト（オイルの調合用）
- 非金属製の鍋（ハーブを煮出す）
- 小さい漏斗(じょうご)（オイルに使用）
- 自己点火タイプの木炭ブロック（PART Ⅱの「インセンス」を参照）
- 目の粗い綿のガーゼ（魔法のハーブ水およびティンクチャーを漉す）
- 色つきの木綿の布と毛糸（サシェ用）
- キャンドルとキャンドルホルダー
- 容量の大きい広口瓶（ハーブ製品の保存用）

基本の魔法

　魔法をどのように使えばいいのか、ヒーリングの儀式を例に紹介しましょう。友人のために魔法を使うのであれば、あらかじめ相手に確認して、許可を得たものとします。

　ヒーリング用インセンス、ヒーリング用オイル、紫または青のキャンドルを祭壇に運びます。祭壇の前で心を落ち着かせ（部屋を静かにする）、木炭ブロックに火をつけて香炉に置きます。木炭の上には少量のインセンスを撒きます。香りが立ち、煙が勢いよく上がったら、ヒーリングという魔法の目的に向けて気持ちを集中させましょう。
　あなたの姿（もしくは病気の友人の姿）を心にはっきり思い浮かべます。病気には目を向けず、すこぶる健康な様子を思い描きます。病気のことが頭をかすめたら、すぐに消してください。魔法の邪魔にしかなりません。
　オイル瓶の蓋を開け、あなた自身もしくは友人に意識を集中させたまま、右手（左利きの場合は左手）の2本の指をオイルで塗らします。左手で（左利き

の場合は右手で）キャンドルを持ち、先端（芯の出ているほう）から中ほどまでオイルを塗ります。次に下から中ほどまでオイルを塗り、キャンドル全体をつややかなオイルで薄く覆います。

あなたはオイルを塗りながら、キャンドルにパワーを送り込んでください（あなた個人のパワーだけでなく、オイルに宿るパワーも送るイメージです）。オイルのパワーとあなたのパワーがキャンドルと一体になるのを感じてください。魔法によってパワーを与えられたあなたのイマジネーションと融合する様を感じてください。イメージを浮かべ視覚化しましょう！

ではキャンドルを手に持ち、あなたにとってイメージのしやすい偉大なる存在、もしくは神を招き、癒したい人物のヒーリングを助けてくださいと頼みましょう。

キャンドルをホルダーにしっかりと立てたら、香炉にインセンスを足します。マッチを擦ってキャンドルに火を灯します。完全に健康を手に入れたイメージを保ったまま、数秒間、炎を眺めたあと、その場を離れます。そうして儀式に関する思考をすっかり心から追い出します。

キャンドルは、好きなだけ灯しておきましょう。家を留守にするときは、指でつまむか芯切りバサミで火を消します（キャンドルの火を吹いて消すのは火の元素に対して失礼だとみなされます）。帰ったら、また火を灯しましょう。

難しそうに見えて実は簡単なこの儀式は、数日間続けて繰り返し行うもよし、一度だけでやめてもかまいません。ハーブの魔法を使用するうちに、ゴールを達成するには何回繰り返せばよいかがわかってきます。

この魔法は、かなり複雑にすることもできます。魔法に対応する色のローブを羽織り、それを着て儀式を行ってもよいでしょう（ヒーリングには紫か青、お金を招くには緑。詳しくは、「付録：色」を参照）。

儀式に惑星の魔法を取り入れることもできます。たとえば日曜日（ヒーリングにふさわしい曜日）に魔法を使うのです。あるいはヒーリングの特性を備えると言われているアンバー（琥珀）などの石を身につけてもよいでしょう。魔法を使う前に、ヒーリングに効くハーブのサシェを浸したお湯を浴びるのもよいかもしれません。

魔法ではよく言葉を声に出し、呪文や特定の神への祈りを添えたり、チャン

第1章　魔法について

トや魔法のパワーが宿る言葉を使って、あなたのエネルギーをキャンドルに向けることもできます。

　また魔法に音楽やダンスを加えたり、酒（私はおすすめしません）や変わった小道具やキャンドルを灯して基本的な儀式にありとあらゆる変化をつけることもあります。

　魔法は、どのように効果を発揮するのでしょうか？　使用するインセンスとオイルを選ぶ瞬間から（もしくは、適切なブレンドの備えがない場合は、インセンスやオイルの材料を選んだときから）キャンドルに火を灯すまでのあいだに、あなたは、パワーを注ぎ始めてください。目的（この場合はヒーリング）に意識を集中させることで、あなたは、パワーを送っていることになります。つまり集中とはパワーなのです！

　魔法を使う相手（もしくはあなた）が癒された状態をなおイメージしながら、エネルギーの満ちたオイルをキャンドルに塗ると、オイルのエネルギーがキャンドルに送られるだけでなく、あなた自身の命の源であり、生まれ持ったパワーでさえもエネルギーとして送り込まれるのです。

　インセンスの煙は、ムードを高めながらヒーリングの波動をシャワーとして放ちます。あなたのエネルギーが切れるのと同時に、そのヒーリングの波動がキャンドルに吸収されます。

　高次元の偉大なる存在への呼びかけや祈りの言葉を声に出すことは、あなたが叶えたいことと魔法を融合させるのに役立ちます。言葉を発することもエネルギーを注ぐことになります。

　キャンドルが燃えると、あなたがそこに注いだパワーは炎という媒体を通してゆっくりと放出されます。蝋が固体から液体に、そして気体に変化する過程はそれ自体が奇跡です。同時に、あなたがキャンドルに注いだエネルギーとパワーが途中で放出されて、奇跡の速度を上げるのです。

　このタイプの魔法は、慣れれば10〜15分程度続けるだけで充分です。道具や衣装に大金をかける必要もありません。ハーブ、インセンス、オイルはあれこれ揃えなくてはいけませんが、本書はそのための参考書です。

　このような基本的な魔法は、様々な叶えたい目的にも使えます。支払うべき

請求書があるときは、緑のキャンドルと、お金を招くオイル、インセンスを使ってあなたが支払いをしている姿を思い描きます。請求された金額の小切手を書いて、請求書に「支払済」のハンコを押すイメージです。

　愛を求めているのなら、あなたが完璧なパートナー（特定の相手ではなく）と一緒にいるところをイメージして、恋愛を招くインセンスを焚きます。

　効果は即座には現れません。指をパチンと鳴らせば一晩で人生が好転するというのは無理です。実際に行動して魔法を支えないといけません。

　丸1日、家で椅子に座ったまま、求人広告を調べることも外出することもしなければ、世界中の魔術書に書かれた魔法を全部使っても仕事は見つからないでしょう。どんな魔法であれ同じことです。

　魔法の技にはあらゆることが関わります。サイキックなエネルギーを使いたければ、身体エネルギーを発揮する準備も同時にしなければいけません。そうすれば、魔法で叶えたいことが現実へと変容します。

第2章
調合比率について

　本書の初版に掲載したレシピの多くは調合比率を記載していません。ハーブの魔法は個人的な技であることを説明し、読者が分量を決めるように促しました。

　初版の刊行以来、手紙をくださった大勢の読者（そして少数の書評家の方々）から、レシピの調合比率を知りたいという声が寄せられました。そこで改訂版ではレシピの大半に調合比率に関する指針を示しました。ですがこれは厳守すべき数字ではなく、あくまで提案です。

　他の本や雑誌などに載っているレシピは、「ハーブの魔法の世界では、決まった調合比率を守るべき」とする流派のものがほとんどです。「ハーブの効果を最大限発揮するには厳密にレシピに従うべきだ」と、彼らは主張しています。ただ、それは必ずしも好ましいわけではなく、実際は不可能です。料理人はたいてい小麦粉、塩、香辛料、卵、油といった食材を豊富に備えているでしょうが、魔法のハーブの調合に使用する材料の多くは入手が難しく、非常に高価です。

　そのため正確な量の材料を使うことにこだわると、たとえば「精霊のインセンス6」を調合するのに40ドル（約5000円）以上かかるかもしれません（注：発行当時のレートになります）。現在、香木のアロエウッド（沈香）は、1ポンド（約450グラム）が約30ドル（約3700円）です。それも手に入ればの話です。数年前には1グラム約5ドル（620円）でした。

　もし、インスピレーションを大切にするハーバリスト（薬草療法家）の手元にアロエウッドが少ししかなければ、その少量をブレンドに使い、「正確」に調合するためだけに高い買い物をするのは避けるでしょう。あるいは別の材料で代用するかもしれません（詳しくは、PARTⅢの「代用品」を参照）。

PART I　基本事項

　紹介したレシピに従うのは自由ですが、調合比率は目安にすぎないことを忘れないでください。たとえすべてのレシピに正確な比率が記載してあっても、サンダルウッドがカップ1杯もない、ローズマリーの瓶が空になっている、トンカマメとパチョリ・オイルの小瓶が見つからない、といった場合は、それを補うための調整がしばしば必要になります。

　レシピにある材料の比率を変更する際は、あとで参照できるように小さいノートや情報カードに調合比率を記録しておきましょう。

　これは忘れずに実行しましょう。なぜならば、すばらしいオイルを調合できたとしても、比率がわからなければ同じオイルを再現するのに何週間もテストをするはめになるからです。それも成功すればまだマシな方です。

　私がハーブの魔法に取り組み始めた頃、芳しい香りのサシェ（今も持っています）を調合しました。私はまだ学び始めたばかりで、先生の注意を聞かず、材料の比率を記録していませんでした（そのときの調合はその場で発明したのです）。サシェを棚の奥にしまったまま半年経った頃、それを見つけて同じものを作ろうとしたのですが、できませんでした。19年経った今でも、その秘密は解明されていません。

　あなた独自のレシピを作る場合（詳しくは、PART Iの第5章「自分のレシピを作る」を参照）、もしくは分量を変更する場合は、少し時間を割いて材料と調合比率を記録しましょう。調合してから記録してはいけません。オイルを何滴使ったか、あるいはハーブを何グラム使ったかはすぐに忘れてしまいます。材料を加えるたびに分量を記録しましょう。

　考慮すべきことがもうひとつあります。作成するハーブ製品の総量です。1グラムにするか、それとも1キロか。異なる量をいくつか提案しましょう。

　一般にレシピを初めて試すときは、そのレシピを使って効果を確かめるまで、作る分量は少なめにしておきましょう。そうすればお金を無駄にせずにすみます。

　インセンスは通常、カップ1杯（注：アメリカの1カップは237ミリリットル）くらいの分量で作ります。儀式で焚くインセンスはわずかだからです。また、しっかり蓋の閉まる瓶もしくはコルクの蓋がついた瓶に入れておけば長く保存できます。完璧なレシピができたら、1ポンド（約450グラム）以上作って、

いつでも使えるように備えておきましょう。

　コーン型、あるいはスティック、ブロック型のインセンスを作る場合は、同様に最初は少量からにしておきましょう。インセンスを作るのは手間も時間もかかるので、浸したり成形したりする工程が上手にできるようになってから作る分量を増やしていきましょう。

　ペーパーインセンスは、どのような分量からでも簡単に作れます。

　オイルは、いずれかのキャリアオイル（植物油）１／８カップのベースに本物の精油を混ぜて作ります。最初はこの分量が適当です。

　できたハーブオイルに満足したら、最初に使用した調合比率で多めに作ってみましょう。記録の重要性がお分かりいただけたでしょうか。

　軟膏、ブリュー、ティンクチャーは、普通カップ１杯分を調合します。少なくとも私はそうしています。塗布するのに必要な軟膏はごくわずかなので、それよりたくさん調合すると無駄になるからです。

　ブリューは数日で効果がなくなります（そしておそらくカビが発生します）。そのため、少量ずつ作りましょう。

　ティンクチャーは効果が長続きしますが、どんな場合であれ必要なのは少量です。

　儀式用石鹸はこの見出しの項に掲載したレシピの分量で作ってください。

　インク、バスソルト、ハーブバス、パウダーは、使用する頻度によりますが、あなたが使えそうな量にしましょう。

　ハーブ入りのチャーム（サシェ）は、必要なときに作ります。余分に作って保存しておく必要はありません。

　非常事態が発生したら、インセンスやオイルをかき集め、「パワーを注ぐ儀式（詳しくは、PARTⅠの第３章を参照）」に従います。分量は記録せずにすぐ使いましょう。私は特定の用途でインセンスをティースプーン数杯分だけ作ることもあります。この場合は記録なしでかまいません。ですが、時間があるときは分量を全部記録しましょう。

　材料を調合するときには、面倒でなければすべて記録をしてください。材料の分量を微調整することにした場合は、自分を信じましょう。失敗から学びながらも、調合するときは自分の勘を信じるのです。「満月儀式のインセンス」

PART I　基本事項

に示したフランキンセンス（乳香）の分量が正しくないと思うなら、どれだけ加えればよいか？　あなたにとってちょうどよい香りになるまで足してみてください。

　大昔の魔法のルールからは離れましょう！

第3章
パワーを注ぐ儀式

　魔法の薬草学では、植物に宿るパワーを利用して必要な変化を起こします。ハーブは私たちの生活改善に役立てられるエネルギーを備えています。
　ですが、それだけではパワーが足りません。ハーブとハーブをブレンドした製品に人間のパワーを注入しないといけないのです。植物と人のエネルギーを融合させることで初めて、ハーブの魔法は本当の効果を発揮します。
　ハーブは、特定の目的に役立つエネルギーを備えていることが昔から知られていました。ラベンダーは浄化し、ローズマリーは愛を引き寄せ、サンダルウッドは霊性を高め、ヤロウ（セイヨウノコギリソウ）はサイキック能力を強化します。
　ローズマリーなど多くのハーブには、伝統的な魔法の用途がいくつかあります。ローズマリーを主な材料とするヒーリング用インセンスは、厳密にヒーリングのエネルギーを注がなければなりません。そうすることでローズマリーの愛の誘発、浄化、および防御のパワーがヒーリングに向けられ、必要に沿ったブレンドができます。そのためには、魔法の目的を定めてあなたのパワーを送り込む必要があるのです。
　このプロセスをパワーの注入、パワーの充填、あるいはエンチャントメントと言います。この作業をするには、拙著『願いを叶える魔法のハーブ事典』（パンローリング刊）で説明するエンチャントメント（魔力を与える）の手順に従うか、次の儀式を行ってください。いずれも正しいやり方です。どちらもしっくりこなければ、あなた独自の儀式を考案してください。
　調合したハーブにパワーを注ぐのに儀式はいりません。ですが、儀式はとても有効な手段です。しっかりとイメージし、ハーブに触れて（もしくは瓶に入っ

たブレンドを手に持って）あなたのエネルギーを送ります。そうすることで次のようなことが可能になります。

- ・魔法の作業に集中する（この場合はパワーの注入）
- ・体内のエネルギーを高める
- ・調合したハーブにエネルギーを注ぐ
- ・作業が終わったことを顕在意識に印象づけ、社会によって条件づけられた疑念を和らげる

　パワーを注ぐさまざまな儀式を試して、最も満足のいく結果をもたらす儀式を見つけるなり、自分で考案するなりしてください。

準備

　調合したハーブを広口瓶、ボウル、ボトルに入れます。パワーを注ぐ儀式は加工する前の材料ではなく、完成品に対して行います。
　ブレンドしたハーブにパワーを注ぐ儀式は、ひとりのときに行います。家に誰かいるときは、外の静かな場所に行くか、部屋にひとりで閉じこもります。数分間、誰にも邪魔されない場を確保しましょう。
　儀式の直前に10秒ほど目を閉じてゆっくりと呼吸してください。顕在意識をリラックスさせ、これから行うパワーの注入に備えます。目を開いてスタートしましょう。

儀式

　ブレンドの性質に合う色のキャンドルに火を灯します。ヒーリングは青、浄化は白、愛は赤です。色とそれぞれの魔法の効果は、巻末の「付録：色」にまとめました。
　調合したハーブを入れた広口瓶、ボトル、あるいはボウルを手に持ちます。そこに宿る未調整（まだ特別な目的のない）のエネルギーを感じます。

第3章　パワーを注ぐ儀式

　ブレンドに注入したいパワーの種類をイメージします。たとえば健康と活力に満ちた自分、あるいは愛に包まれて幸せな自分を思い描きます。
　最初は難しいかもしれません。視覚化に慣れていないなら、叶えたいことをただ感じてください。ブレンドの目的と関連する感情を高めてください。あなたが病気なら、健康になりたいという願望と要求の強さを感じましょう。
　次にあなた個人のパワーを高めます。足から順に上へ向かって筋肉をゆっくりと緊張させていってもよいでしょう。身体全体を緊張させたら、パワーが両手に集中しているとイメージします（もしくは感じてください）。
　次に両手にピリピリするエネルギーを感じます。それがブレンドの中へと流れていく様子、おそらく紫がかった白い光の糸が手の平から出てハーブに入っていくのをイメージします。キャンドルの色（たとえばヒーリングの場合は青）に応じて色をイメージするとよいかもしれません。
　イメージを描くのが難しければ、目的を正確な言葉で口にしてみましょう。

　ヒーリング用のハーブの入浴剤なら、次のような言葉がよいかもしれません。

　　病気を消し去り
　　原因を洗い流して、癒すために
　　私は太陽と月によってあなた（ハーブ）を満たします。
　　そうあらしめよ！

防御のインセンスには次のような言葉でパワーを注入できます。

　　あなたが火に焼き尽くされるとき
　　よくないことや邪悪なことを追い払うために
　　私は太陽と月によってあなた（インセンス）を満たします。
　　そうあらしめよ！

　オイルには「塗布した箇所の病気を取り除く」、あるいは「平安と穏やかさを広める」ためのパワーを注入できます。ブレンドと魔法を使って叶えたいこ

PART I　基本事項

とに合わせ、自由に自分の言葉を考えてみてください。

　あなたがエネルギーを使い切ったと感じ、エネルギーがあなたの身体を出てハーブのブレンドに注入されたことがわかったら、ハーブの容器を置いて、両手をしばらくのあいだよく振ってください。これで身体からエネルギーが流出するのが止まります。

　次に身体をリラックスさせましょう。キャンドルの芯を指でつまんで（もしくは芯切りバサミで）火を消します。パワーを注ぎ込む作業はこれで終わりです。キャンドルは、同様の儀式でまた使えるように取っておきましょう。

　この儀式は、あまり時間はかかりませんが大変な効果を発揮することがあります。古めかしい言葉をいくつも覚えたり、高価な道具を揃えたりする必要はありません。慣れれば自然にできるようになるでしょう。

　パワーを注入せずにハーブのブレンドを使用するのは、怠け者のハーバリストのすることです。わざわざ自分のインセンス、ハーブオイル、ブリューを作っておきながら、儀式で使うための最後の手順を省くとは何事でしょうか。

　ちなみに、この儀式は魔法用品店で購入したハーブ製品にパワーを注入するときにも使えます。

第4章
材料

　植物、ゴム、樹脂、オイルはハーブの魔術師の道具です。これらは魔法に利用できるエネルギーとして目に見える形で現れたものたちです。
　ハーブを扱うすべての人にとって、使用する材料について詳しく学ぶことは有益です。どのハーブをブレンドに使うかだけではなく、ハーブの入手法やその性質についても知っておくことが重要だからです。
　純粋に物質レベルで、最高品質の材料（新鮮なハーブ、上質なゴムや樹脂）を見極められる力が必要になります。
　このような章は不要だと考えるハーブの魔術師もたくさんいるかもしれません。「そんなことはどうでもいいからレシピを知りたい」と言う人もいることでしょう。
　そういう人に申しあげます。「いいでしょう。この章は飛ばしてPARTⅡに進んでください」
　真剣に取り組みたい読者はこのまま読み進めて、魔法の薬草学について詳しく学んでください。

ハーブを手に入れる

　ブレンドに使うハーブを入手する方法は主に3つ。次の採取、栽培、購入するという方法があります。

PART I　基本事項

採取

　森や砂漠を歩き、山に登り、あるいは浜辺を散策するのは、それ自体が元気を回復させてくれるものです。同時にハーブを探せば、楽しい冒険となります。

　採取法で守っていただきたい基本事項を挙げましょう。
・必要な分だけ採取しましょう。紙袋5枚分ものマグワートが本当に必要か考えてください。
・あらかじめ採取する植物と同調しましょう。植物のまわりに両手をかざして植物のエネルギーを感じ、なぜそのエネルギーの一部（葉や花）を採取するのかを説明しましょう。韻を踏んだ短い詩や2、3の言葉を唱えたり、植物の根元に何か価値のあるものを置いてもよいでしょう。何もなければ、摘み取る前に硬貨か紙幣を根元に置きましょう。植物に犠牲になってもらう代償として、あなたも犠牲を払う用意があることを示すためです。
・特定の植物が生えている同じ場所から25パーセント以上採取してはいけません。根を採取する場合は当然植物を丸ごと取ることになるので、そばにある同種の植物はそのままにしておきましょう。
・雨のあと、もしくは露が大量におりたあとで採取してはいけません。せめて日光で植物が乾くまで待ちましょう。そうしないと乾燥させる途中でカビが生えることがあります。
・採取場所は慎重に選びましょう。高速道路、幹線道路、水がよどんでいたり、汚染されたりしている場所、工場や軍の施設のそばで採取してはいけません。

　採取したハーブを乾燥させるには、葉や花を茎と分けて、陶器、木製あるいはスチール製の棚に並べ、直射日光を避けて暖かく乾燥した場所に置きます。あるいはハーブをカゴに入れて、乾くまで毎日カゴを揺すります。密閉できる広口瓶にラベルを貼って保存しましょう。

第4章　材料

栽培

　ハーブを自分で育てるのは楽しいものです。上手に育てるのは難しいかもしれませんが、うまくいけば花や葉、種子（実）、樹皮、根がふんだんに手に入ります。

　書店や図書館に行けば、ハーブ栽培の基本を解説する良書があります。本を探し、土地の栽培条件を考慮しながら、情報を活用してください。種苗業者やデパートに行けば、たいていハーブの種や苗を売っています。

　ハーブを栽培するときは小さい水晶を土の中に入れて、魔法でハーブを守ってください。よく茂らせるには、水やりや世話をするときにヒスイを身につけたり、地中にモスアゲートを埋めたりします。

　植物が生長して充分な大きさに育ったら、すでに述べた基本にのっとって収穫します。宝物を与えてくれた植物と大地に感謝しましょう。

購入

　ハーブの魔法で使用する材料の多くは、地球上の遠く離れた土地から運ばれてきます。玄関先でサンダルウッドの木を育てたくても無理です。

　そこで多くの材料は購入しなければなりません。そのせいでハーブの質が劣るわけではないので安心してください。ハーブが売買されるおかげで、他の方法では入手できない植物の材料が手に入り魔法で使えるのです。

　ハーブと精油の通販業者を利用すれば、自宅の居間でハーブティーを飲みながら世界中の植物を購入できます。

　また大きめの都市や街には、たいていハーブ販売店やハーブを扱う健康食品店があります。インターネットなどで調べてみましょう。

　特に精油を買うときは注意してください。店員が「本物のジャスミン・オイルです」と言っても、価格が3ドル（約400円）だったら合成品です。「エッセンシャル」と表示してあっても、大方は野原ではなく研究所で作られた製品でしょう。

　判断基準のひとつが価格です。本物の精油はたいてい1／3ないし1／2オ

ンス（約10〜15グラム）で10〜40ドル（1000〜5000円）はします。カモミール、ヤロウ、カルダモン、ネロリ、ジャスミン、ローズなどはもっと高価かもしれません。慎重に買い物をしてください。

　魔法の薬草学でも昔から合成品が使われていますが、本物の精油だけを使うようにおすすめします（詳しくは、PARTⅡの「オイル」を参照）。

　ハーブに関しては、新しい商品を定期的に仕入れているかどうかという点で多くの店が当てになりません。そのため購入したローズマリーが数年前のものだったということもありえます。一般に、乾燥ハーブは色が鮮やかで、茎の部分が少なく、香りが新鮮なものを選びましょう。

　ほとんど茎ばかり、または変色している、虫に食われている、あるいはカビが生えたハーブは避けましょう。また普通なら香りの強いハーブの場合、香りが弱いものも避けます。

　通販の場合はこの手順がさらに複雑になります。注文したフランキンセンスが質のよいものかどうか判断するのは困難です。質の劣る植物を送ってきた業者で続けて注文するのは避けましょう。

魔法で使う植物の辞書

　本書のレシピで使用するハーブ、ゴム、オイルの一部をアルファベット順に以下へ記します。他の材料（硫黄など）も載せました。また私の以前のハーブの本では扱っていない植物の材料にも触れます。

　ここでは珍しいハーブとオイルによる魔法の効用を紹介します。上質なゴムと樹脂を選ぶための具体的な指針にも触れました。入手が難しいオイル、ゴム、樹木の一部は、本書のレシピに使える代用品を提案しました（詳しくは、PARTⅢの「代用品」を参照）。

ACACIA, GUM／アカシア、ゴム

　アカシア、アカシアセネガルガム、アラビアガムとしても知られ、北アフリカに生息する木から作られる。アカシア属のうち、アラビアガムやアカシア樹脂を生産する種は、ある製品が他の代用となりうることと密接な関係にある。

（アカシア属には、アラビアガムやアカシア樹脂の生産の可能な種がいくつかあって、違う種でも代用として使うことが可能である）。防御のレシピとサイキック能力を高めるレシピに使用します。

ALOE, WOOD／アロエウッド

　アロエウッド（沈香、英名lignum aloes）は、インド原産の木。香りはアンバーグリス（竜涎香）とサンダルウッドの混ざった匂いと表現されます。この木が入手できないときは、代わりに同量のサンダルウッドに合成のアンバーグリスを数滴垂らしてインセンス用に使ってください。

　私がこの前サンディエゴで買ったときは、すでに述べたように1ポンド（約450グラム）で約30ドル（約3700円）でした。

　通常は防御、神聖化、成功と繁栄のインセンスに使用します。

AMBER OIL／アンバー・オイル

　本物のアンバー・オイルは質の劣るアンバー（琥珀）から生成します。琥珀は何百万年も昔のパイン樹脂（松ヤニ）が化石化したものです。カンファートゥリーのような匂いとほのかなマツの匂いがあり、めったに手に入りません。

　現在市販されているアンバー・オイルの大半は人工アンバーグリスを混ぜ合わせた製品のようです。

　愛とヒーリングのブレンドに使用します。

AMBERGRIS／アンバーグリス（竜涎香）

　マッコウクジラの生成物であるこの香料は、最初は（まれに）浜辺に打ちあげられて発見されました。魔法や香水によく使われ、アラブ人はかつてこれを料理に用いました。アンバーグリスの正体がわかると、この稀少な物質を採取するために、無数のクジラが殺されました。

　アンバーグリスは催淫作用のあるオイルおよび香水として長らく使用されていました。香りは普通、カビ臭い、ムスク（麝香）のような、あるいは土臭い匂いと表現されます。

　環境保護意識が高まっている現在、本物のアンバーグリスを使用するのは避

けるべきでしょう。クジラ種の多くは絶滅の危機にあります。価格も法外なので（使用するとしても）、一流の香水メーカーが香水の調合に使用するにとどめるべきでしょう。

　人工アンバーグリスあるいはアンバーグリスの合成品は広く出回っており、通常「アンバーグリス」としか表示されません。

　人工アンバーグリス・オイルも見つからない場合は、次のブーケ、（香りのブレンドのこと）で代用してみましょう。アンバーグリスに近い香りがします。

AMBERGRIS BOUQUET／アンバーグリスのブーケ
　サイプレス・オイル
　パチョリ・オイル（数滴）

ASAFOETIDA／アサフェティダ

　アフガニスタンおよびイラン東部原産のこの植物には、吐き気を催させる匂いがあります。たびたび使っているうちに慣れると言う人もいますが、そうだとしても私は自宅に保存しようとは思いません。まして防御や魔除けのインセンスに使うことはありません。

　タバコやバレリアン・ルート（セイヨウカノコソウの根）、あるいはPART Ⅲの「特定の代用」内にある「防御」「魔除け」といった項目に挙げたハーブを代わりに使ってください。信じがたいことに、アサフェティダはインド料理に使われます。

BDELLIUM, GUM／デリアム樹脂

　PARTⅢの「はじめに」を参照ください。

BERGAMOT MINT OIL／ベルガモットミント・オイル

　ベルガモットミントはミントとレモンの香りの小さい植物です。お金と繁栄を引き寄せるオイルによく使われます。合成オイルも出回っていますが、使わないようにしましょう。代わりに次のブーケを作ってください。

第4章　材料

> BERGAMOT MINT BOUQUET／ベルガモットミントのブーケ
> 　レモン・オイル
> 　レモングラス・オイル
> 　ペパーミント・オイル

CAMPHOR／カンファートゥリー

　強烈な匂いのこの白色の結晶物質は、中国と日本に生息する木から蒸留されます。

　長年、アメリカでは本物のカンファートゥリーを売っていませんでした。かつての「カンファートゥリー・ブロック（クスノキ・ブロック）」や防虫剤はどれも合成カンファートゥリーを使っており、きわめて有害です。

　私は友人の協力で、サンディエゴにカンファートゥリーを扱う業者を見つけました。現在、1ポンド（約450グラム）8ドル（約1000円）程度です。

　月や純潔と関わるブレンドに少量使用します。

CIVET／シベット

　本物のシベットはスリランカ、インド、アフリカに生息するジャコウネコの分泌物です。他の動物性のオイルと違うところは、シベットを採取するのに通常、殺されることはありませんでしたが、痛みを伴う方法でこすり取っていました。

　本物のシベットは強烈な獣臭があり、かなり不快な匂いです。少量だと甘い香りになり、高級な香水のほとんどに使われてきました。

　今日どこでも人工のシベットが入手でき、愛と情熱を引き寄せるオイルに使用するのに適しています。

　あらゆる動物製品と同様、本物を使用することはおすすめしません。本物の高価な材料よりも香りを再現した合成品を使うほうがよいです。ハーブの魔法では、動物製品を使用するのは避けましょう。

COPAL／コーパル

　コーパルは白、淡黄色、または黄色がかったオレンジ色のゴム樹脂です。木炭の上で燻すと、マツとレモンの豊かな芳香が漂います。コーパルは北米ではフランキンセンスに相当します。フランキンセンスのほろ苦い香りはありませんが、名高いこのゴム樹脂の優れた代用品となります。フランキンセンスを木炭の上でしばらく燻すと、最後にはかなり強い刺激臭を放ちますが、コーパルは燃えるあいだに匂いが変わることはありません。

　メキシコおよび中米原産で、マヤ族の時代、あるいはこの伝説の民族が登場する以前から何百年も宗教儀式や魔術に使われてきました。

　コーパルは私の好きなゴム樹脂です。私はよくティファナに出かけて（私の家からメキシコとの国境までは約30キロ）、価格、外見、香り、品質が異なるさまざまなコーパルを手にしてきました。最高級のコーパルは淡黄色から濃い黄色で、樹脂特有の強い柑橘系の匂いがあります。通常は大きいかたまりで販売され、葉の断片が含まれることがあります。

　防御、浄化、魔除けのインセンスに使用するのに最適です。また霊性を高めるために焚くと効果があります。

　コーパルは粘度の高い上質のティンクチャーの原料となります（詳しくは、PART II「ティンクチャー」を参照）。アメリカで販売されているコーパルの大半はフィリピンの農園で栽培されているものです。

EUPHORBIUM／ユーフォルビア

　PART IIIの「はじめに」を参照ください。

LOTUS OIL／ロータス・オイル

　本物のロータス・オイルと称する商品をよく見かけますが、本物は存在しません。香水メーカーはこの水生植物の香りをとらえる方法をまだ開発していないのです。この名前で呼ばれるものは、ロータス（ハス）の芳香を再現しようと試みた天然の精油のブレンド、もしくは合成品です。

　ロータスは、霊性の向上、ヒーリング、瞑想のためのレシピに使用されます。もちろん市販のロータス・オイルも必要に応じて使用できますが、自分で作り

第4章　材料

たい場合は、次のレシピを試してみてください。

> LOTUS BOUQUET／ロータスのブーケ
> 　　ローズ
> 　　ジャスミン
> 　　ホワイト（もしくはライト）ムスク
> 　　イランイラン

芳醇なフローラルの香りになるまで混ぜます。

MAGNOLIA OIL／マグノリア・オイル

　ロータスと同様、本物のマグノリア・オイルは存在しません。合成オイルを使用するか、自分で作りましょう。次のレシピを調合するあいだ、できれば摘みたてのマグノリアの花をそばに置くとよいでしょう。次のオイルを調合して、この忘れられない香りをとらえてみてください。

> MAGNOLIA BOUQUET／マグノリアのブーケ
> 　　ネロリ・オイル
> 　　ジャスミン・オイル
> 　　ローズ・オイル
> 　　サンダルウッド・オイル

　マグノリア・オイルは調和、サイキック能力、心の平安を促すレシピによく使われます。

MASTIC, GUM／マスティックガム

　この樹脂は見つけるのがかなり困難です。入手できない場合は、アラビアガムとフランキンセンスを同量混ぜて代用してください。

MUSK／ムスク

　名高い香水の原料であるムスクは、中国および極東に生息するジャコウジカの臭腺から採取していました。殺さなくても採取できますが、野生のジャコウジカはたいていの場合、殺されてきました。このように高価な香水は命を犠牲にして作られていたのです。

　現在、合成ムスクが容易に手に入るようになり、ほぼすべての主要な香水メーカーに広まったため本物のムスクはめったに使われなくなりました。かつて魔法で使われていたアンバーグリスやシベットなどのあらゆる動物製品と同様、本物のムスクは不必要ですし、おすすめしません。

　ムスクを選ぶ場合は、ぬくもり、ウッディな香り、獣臭、豊かな香りのするものを選びましょう。

　一般に勇気、性的魅力、浄化が関わるレシピに使われます。代用できるハーブには、アンブレット・シード、スパイクナード・ルート、スンブル・ルート、マスクシスルの花、ミムルスの花などがあります。

NEW-MOWN HAY OIL／ニューモウンヘイ・オイル

　この香りは、香水メーカーの見果てぬ夢です。刈り立ての干し草のような、はちみつのようなさわやかな香りをとらえるには、次のレシピを試してみてください。

NEW-MOWN HAY BOUQUET
／ニューモウンヘイ（刈り立ての藁）のブーケ
　　ウッドラフ・オイル
　　トンカ・オイル
　　ラベンダー・オイル
　　ベルガモットミント・オイル
　　オークモス・オイル

　ニューモウンヘイ・オイルは困難な問題を新しい視点で眺め、特によくない習慣（依存症など）や思考パターンを断つ目的で気持ちを入れ替えるのに使用

します。

OAKMOSS／オークモス

　中欧から南欧にかけてオークとスプルースの木に生える地衣類(菌類)がオークモスです。

　ほのかにスパイシーなぬくもりのある匂いで、お金を引き寄せるブレンドに使われます。最もレシピでよく使われるのはオイルのタイプです。次のブレンドで代用できます。

OAKMOSS BOUQUET／オークモスのブーケ
　　ベチバー・オイル
　　シナモン・オイル

SANDALWOOD／サンダルウッド（白檀）

　サンダルウッドは世界で最も貴重な木のひとつです。神秘的かつ濃厚な香りで、魔法や宗教のためのインセンスに広く使われます。心材からは最高級のサンダルウッドが取れます。淡い茶色から赤みがかったものまであり、香りに深みがあります。等級の劣るものは白くて香りが弱く、魔術にはおすすめしません。防御、魔除け、ヒーリング、霊性を高めるレシピに使用します。本物の木が見つからなければシーダーで代用できます。

STORAX／ストラックス（蘇合香）

　この樹脂は小アジア南西部に生える木から採取され、樹脂特有のフローラルな香りがあります。大昔から魔法や宗教のための香料およびインセンスに使われてきました。

　入手は困難です。低価格のストラックス・オイルが見つかったら、たいていはイミテーションです。ベンゾイン（安息香）の精油で代用してください。香りは再現できませんが魔法のレシピには使えます。あるいはPART Ⅲの「代用品」で紹介している、いずれかのハーブのオイルを使用してください。

SULFUR／硫黄

淡黄色の鉱物で、燃やさなければ匂いはほとんどありません。燃やすと卵の腐ったような匂いの煙が出ます。

魔除けや防御のインセンスに使用しますが、吐き気を誘う香りがいつまでも残るので、おすすめしません。

PART Ⅲの章に挙げた、「魔除け」または、「防御のハーブ」で代用するか、タバコを使いましょう。

SWEET PEA OIL／スイートピー・オイル

本物のスイートピー・オイルは手に入りません。次のレシピで自家製のオイルを作ってみてください。

> BOUQUET／スイートピーのブーケ
> 　ネロリ
> 　イランイラン・オイル
> 　ジャスミン・オイル
> 　ベンゾイン・オイル

愛と友情のレシピに使用します。

TONKA／トンカ

トンカマメは、ベネズエラ東部およびブラジルで手に入ります。昔から人工バニラの製造に使用され、健康に害があることが判明するまでアメリカで広く販売されていました。

トンカマメはお金と愛を引き寄せるサシェに使用します。次のブレンドを使ってみてください。

> TONKA BOUQUET／トンカのブーケ
> 　ベンゾイン・オイル
> 　バニラのティンクチャー（バニラエッセンス）　数滴

TRAGACANTH, GUM／トラガカンス（トラガカントゴム）

　トラガカンスはコーン型、またはブロック、スティック型のインセンスを作る際に結合材として使用します。微かにつんとする匂いの白色の粉で、小アジア原産です。一部のハーブ店で販売しており、たまに通販業者でも扱っています。トラガカンス（あるいはアラビアガム）は着火しやすいインセンスを作るのに欠かせません。

TUBEROSE／テューブローズ

　強烈な甘い匂いを放つ、香りの濃厚なメキシコ原産の白い花です。愛を引き寄せるブレンドに合成オイルを使用しますが、本物の精油(実際はアブソリュート／オイル抽出法で抽出した香り）は、めったに手に入りません。便利な代用品としてブーケを作りましょう。

TUBEROSE BOUQUET／テューブローズのブーケ
　　イランイラン・オイル
　　ローズ・オイル
　　ジャスミン・オイル
　　ネロリ・オイル（ごく少量）

YLANG-YLANG／イランイラン

　この不思議な芳しい香りの花はフィリピン原産です。精油は愛のレシピに使用します。芳醇な香りです。精油を扱うほとんどの通販業者で入手できます。

第5章
自分のレシピを作る

　あなたはこれまでに本書のレシピを調合して、ハーブの魔法を実践してきたとしましょう。いくつかブレンドを調合したら、もっと作りたくてうずうずしているかもしれません。戸棚にインセンス、オイル、軟膏、バスソルトの備えがあっても、それだけでは物足りなく感じてきます。自分のレシピを作りたくなっていることでしょう。

　そうなると思っていました。ベテランの料理人はたいてい、状況に応じて新しい料理を創作します。楽しみのためだけに新しい料理を即興で作ることもあるでしょう。魔法のハーバリストも似たところがあります。

　本書のレシピをいくつか調合したあとで自分のレシピを作りたくなったら、その方法を知りたくなるでしょう。本章では、レシピを作るプロセスの各手順をわかりやすくするために実例を示します。私が勧めるからといって、本章の情報を活用しなければいけないわけではありません。本書のレシピを毎週ひとつずつ作っても、数年はかかります。

　ですが、ここでは自分のレシピを作りたい人のために基本を説明します。どうしてわざわざ独自のレシピを作るのか？　いいではありませんか。完成したブレンドはあなただけのもので、あなたの信念やエネルギーとしっかりつながっています。要するに、あなたから生まれたレシピだという理由で、より大きなパワーを発揮するかもしれません。古いレシピや人が作ったレシピもたしかに効果はありますが、独自のブレンドを作って結果を確かめるのは楽しいものです。

　そのための方法を次に示します。調合比率を決める際は、どの材料を使うか、あなたの直感を信頼してください。そして存分に楽しむことです。

目的

　ハーブのブレンドを作るときは最初に、そのブレンドで叶えたい魔法の目的、または意図することを決めます。あなたにはどうしても叶えたいことがあって、そのためにブレンドを作ろうとしているのかもしれません。あるいは将来、何か問題が生じたときに備えてブレンドを作りたいだけかもしれません。その場合は、そのブレンドを使って何をしたいのかを明確にしましょう。
　たとえば「人生にお金を呼び寄せる」、「憂鬱な気分を和らげる」、「新しい恋愛対象を見つける」、「健康やパワーを得る」、「安全や平安を引き寄せる」といった目標を決めます。
　ここでは防御のためのブレンドを作る必要が生じたと仮定しましょう。

形態

　目的が決まったら、形態から決めます。インセンス、オイル、バスソルト、バスハーブ、ティンクチャー、アミュレット（お守り）、オイントメント（軟膏）など、どれにするかを決めるのです。いくつか以下の質問に答えながら決めましょう。

自分の目的達成にはどの形態が最適か？

たとえばオフィスで、あるいは出勤の途中に使いたいなら、防御のインセンスは作らないでしょう。防御のアミュレットもしくはオイルのほうが利用しやすいはずです。

どの手順を最もよく知っているか？

自分のブレンドを作るときは、すでに実践したことのあるプロセスを利用するのが賢明です。ほぼ確実によりよい製品ができるでしょう（ハーブを扱い始めたばかりで独自のブレンドを作るのは時期尚早かもしれません）。

PART I 基本事項

自分にとって最高の結果をもたらすのはどの手順か？
たとえば特にインセンスが好きで、目的を実現するのに着火しやすいタイプのインセンス（コーン、ブロック、スティック型）だけでは視覚的効果が乏しいと思うなら、着火しにくいインセンスを調合してみましょう。オイルを塗ったキャンドルに火を灯すと最高に満足できる結果を得られると気づいたら、オイルをブレンドしてください。こうした製品にはエネルギーが宿っていますが、その効果を決定するのは、それらが私たちの意識を儀式にふさわしい状態にシフトできるかどうかです（詳しくは、「用語集」の「Ritual Consciousness／儀式的な意識」を参照）。

自分はどの形態を最も楽しめるか？
サシェを持ち歩くのが嫌いなのに、サシェを作る理由はありません。ですがハーブの香りの浴槽に浸かると体内をパワーが流れると感じるなら、「防御のハーブバス」用のサシェもしくはバスソルトを作るとよいかもしれません。

ハーブ

次にどのハーブを使用するかを決めます。PART Ⅲの「魔法の目的」のリストを見て、魔法で叶えたい願いに関連するハーブはどのタイプかを見つけてください。たとえば、あなたはこれから防御のためにハーブの予備リストを作るとします。

保存してあるハーブをチェックしてください。時間はかかっても、ハーブの在庫リストを常時更新するとよいでしょう。ハーブの近くに小さいノートを置いておきましょう。

1ページ目（もしくは必要に応じてもっとページを使って）にすべてのハーブの名前と植物の部位を書き出します。2ページ目に今あるオイルをメモします。3ページ目には、調合に使う品を全部リストアップします。ガーゼ、ボトル、スポイト、布、コードと糸、硝酸カリウム、アルコールなどといったものです。4ページ目に追加したいハーブとオイルを書き出します。ハーブやオイルが足りなくなるたびに4ページ目にメモして、忘れないようにします。追加

第5章　自分のレシピを作る

したものがあれば、リストの更新も忘れずに。

　これは不必要な作業だと思うかもしれませんが、このようなノートがあれば、何があって何がないかを確かめるためだけにボトルを探し回る手間を省くことができます。

　魔法の上級者であるハーバリストの多くは、大きさの異なる何十本、何百本という広口瓶がびっしりと並んだ、雑然としたハーブの戸棚を使っているはずです。たとえ大まかにアルファベット順に並べたり、タイプ別（ゴム、樹皮、花など）に分類してあっても、ボトルを1本ずつ確かめるのは大仕事です。

　私たちのやり方に話を戻します。予備のリストと在庫のリストを照らし合わせてみましょう。すでに名前を挙げたハーブがいくつか揃っていれば問題ありません。まだ揃っていなければ購入するか、採取してください。

　あるいは防御のレシピには、他にどのハーブが使えるかを探してみましょう。方法はいくつかあります。直感を働かせながら、他の本でも調べてみてください。あるいはPARTⅢの「惑星の代用」と「四大元素の代用」のリストを調べ、さまざまなリストを互いに参照してみてください。

　たとえば防御は、太陽と火星に密接に関わり、火の元素のハーブをよく使うので、PARTⅢのそれらの表を見てみましょう。

　次のリストは目的と、それらの目的を達成するために影響する惑星と元素を並べたものです。

【影響…惑星／元素】
追い払う…土星／火
美…金星／水
勇気…火星／火
占い…水星／風
雇用…太陽、木星／土
エネルギー…太陽、火星／火
魔除け…太陽／火
豊穣・多産…月／土
友情…金星／水

PART I　基本事項

幸福…金星、月／水
ヒーリング・健康…月、火星（病気を焼き払う）／火（左記同様）、水
家…土星、地球／水
喜び・幸福…金星／水
愛…金星／水
お金・富…木星／土
平安…月／金星
パワー…太陽、火星／火
防御…太陽、火星／火
サイキック能力…月／水
浄化…土星／火、水
セックス…火星、金星／火
睡眠…月／水
霊性…太陽、月／水
成功…太陽／火
旅行…水星／風
智恵・知性…水星／風

あなたが魔法で叶えたいことを支配する惑星と元素を見つけ、PART Ⅲの表を参照しながら、ハーブの予備リストを補ってください。

ここでも、このリストと在庫のリストを比べてみましょう。現在ないものは線を引いて消します。たとえば次のリストは、あなたが今持っている防御のハーブ・リストに欠品していたので補強したものとします。

ローズマリー　　　　　　　ミント
ディル（イノンド）　　　　パイン（マツ）
ローズゼラニウム　　　　　ジュニパー（セイヨウネズ）
タラゴン　　　　　　　　　フランキンセンス
バジル（メボウキ）　　　　フェンネル（ウイキョウ）
オレンジピール　　　　　　ルー（ヘンルーダ）

第5章　自分のレシピを作る

ファーン（シダ植物）　　　　オールスパイス
シナモン　　　　　　　　　シーダー
ガーリック

　これから作る製品にどのハーブが合うかを決めます。いくつかはインセンスには向きません。ガーリックは防御のハーブとして申し分ありませんが、インセンスには使わない方がよいため、ガーリックは除外します。必要に応じて木炭ブロック（詳しくは、PARTⅡの「インセンス」を参照）に火をつけ、香炉に置いてみて、これらのハーブを少しずつ燃やしてみましょう。気に入らないものは予備のリストから除外します。リストは少し短くなって次のようになるかもしれません。

ローズマリー　　　　　　　フランキンセンス
バジル　　　　　　　　　　シナモン
オレンジピール　　　　　　パイン
シーダー　　　　　　　　　ジュニパー

　8種類のハーブが残りました。考えようによっては、すでにレシピができたと言えます。各材料の相対的な量を決めたらリストのハーブを混ぜてパワーを注ぎ、防御のインセンスとして焚けばよいのです。
　あるいはこれらのうち数種類だけを使ったレシピを作ってもよいでしょう。次のような組み合わせが考えられます。

1　フランキンセンス、シナモン、ジュニパー
2　フランキンセンス、ジュニパー、シーダー、パイン
3　フランキンセンス、パイン、バジル
4　フランキンセンス、オレンジピール、シナモン、ジュニパー

　他にもたくさん考えられます。どれにもフランキンセンスが入っているのがわかりますね。一般にどのレシピにも1種類はゴム樹脂系を使います。樹脂に

PART I 基本事項

はフランキンセンス、ミルラ（没薬）、ベンゾイン、アラビアガム、マスティックガム、コーパル、ドラゴンズブラッドなどがあります。ゴムのひとつである「ミルラ」は、PART Ⅲの「代用品」リストにはありませんが、あなたが作る新しいインセンスで最高の結果を得るにはゴムを加えてください。

どのレシピを使うかを決めたら、情報カードまたはハーブ用のノートに書き写します。あとで変更するつもりだとしても、まずは書き写しましょう。そのブレンドに名前もつけます。

必要に応じて乳鉢と乳棒でハーブを砕き、混ぜ合わせてエネルギーを調整し、インセンスを調合します。そのあとでパワーを注いで使用するか、あるいは必要になるまでボトルにラベルを貼って保存します。これで新しいインセンスができました。

これと同じ基本的な製法で、あらゆる魔法製品の自分だけのレシピを調合できます。ですが、個別の神に捧げるものは少し製法が異なります。

女神や神を讃える調合を作りたいときは、その神を讃えるのにどの植物が使われてきたかを知るために神話を調べましょう。儀式にはそのような植物[i]が適切です。

あるいは特定の神が及ぼす基本的な影響力に関連するハーブや植物を使いましょう。

たとえば、本書で紹介した「ペレのインセンス（100ページ参照）」のレシピでは、ハワイの火山の女神を讃えるのに火のハーブを使用します。ハワイ原産の火の植物を使うのが理想的ですが、入手するのは困難です。ですからリストアップしたものが代用品となります。

前述の簡単な手順で、無数の用途に使用できる製品が作れます。あなたの内なる知恵を信頼しましょう。研究し、実験してみてください。

そして何より、ハーブのパワーを楽しみましょう。

---

[i] このような植物のリストは、拙著『魔女の教科書　自然のパワーで幸せを呼ぶウイッカの魔法入門』（パンローリング刊）に掲載してあります。

PART II 手順とレシピ

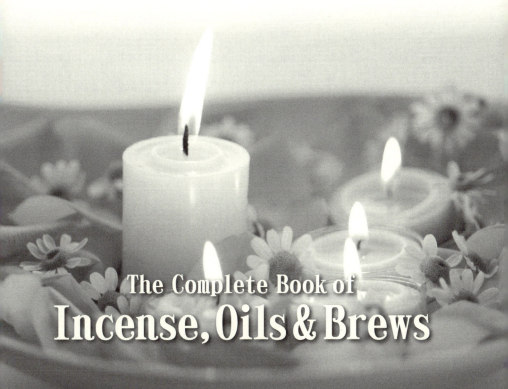

The Complete Book of
Incense, Oils & Brews

Incense
インセンス（お香）

　インセンスは、5000年前にはすでに魔術師の祭壇で焚かれてきました。古代からインセンスを燃やしてきたのは、いけにえになった動物の匂いを消し、神への祈りを捧げ、人が神と出会うための神聖な場を用意するためでした。

　現代、欧米では大半の魔術師のあいだで動物のいけにえは遠い過去の出来事となり、インセンスを使用する理由は変わりました。儀式にふさわしい意識、つまり個人のエネルギーを呼び覚まし、高次元の意識を覚醒させるために魔術の最中に焚きます。

　キャンドルの炎で魔法をかけた祭壇の前に立ち、チャントや象徴的な言葉を唱えて、魔法の小道具を使うことによっても同じことは達成できます。

　魔術を行う前に焚くと、香りのよい煙が祭壇および周囲の不穏な負の波動を清めます。このような浄化は、たいていは必要ありませんが、焚くことで魔術を成功させるためにふさわしい精神状態へと導いてくれます。

　特別に調合したインセンスを焚くのは、魔術師固有のエネルギーを引き寄せ、儀式の目的に向けて個人的なパワーを充填するためのサポートです。最終的には、必要な変化をもたらすためです。

　あらゆる物がそうであるように、インセンスは特定の波動を放ちます。魔術師はこうした波動のことを念頭に置いて、使用するインセンスを選びます。ヒーリングの儀式を行う場合、ヒーリングを促すハーブを使ったブレンドを焚きます。

　インセンスは儀式で焚かれるあいだに変容します。波動はもはや物理的な形態にとらわれることなく物質界へと放出されます。そのエネルギーは魔術師のエネルギーと混ざり合い、速度を上げて目的達成への実現に必要な変化をもた

らします。

　本書に掲載したインセンスのレシピが、すべて魔法にしか使えないわけではありません。神に感謝するために焚かれるものもあれば、神のさまざまな側面に捧げるために焚かれるものもあります。たとえば5000年前のシュメールではイナンナ（愛、豊穣、戦争の女神）のためにジュニパーが焚かれました。またウイッカの儀式の効果を高めるために作られたブレンドもあります。

　インセンスの用途を儀式に限る必要はありませんが、ただ香りがよいからという理由だけで、あるいはよどんだ室内の空気をリフレッシュするためにヒーリングのインセンスを焚くのは避けましょう。魔術を使い、パワーを注いで作ったインセンスを必要もないときに焚くのはエネルギーの無駄です。香りのよいインセンスを焚きたければ、そのための家庭用ブレンドを調合しましょう。

材料

　インセンスは葉、花、根、樹皮、樹木、樹脂、ゴム、オイルを取り混ぜて作ります。半貴石を加えれば、石のエネルギーをインセンスに与えることもできます。古代メソアメリカの人々はエメラルドを火にくべて燃やしました。

　何百種類もあるインセンスの材料のうち、特によく使用するのはおそらく14種類です。何種類ものインセンスを作るなら、以下のハーブを揃えておきましょう。

フランキンセンス	パインニードル（マツバ）またはパイン樹脂
ミルラ	ジュニパー
ベンゾイン	サンダルウッド
コーパル	シーダー
ローズの花びら	タイム
ベイ（月桂樹）	バジル
シナモン	ローズマリー

　多くの植物（すべてではありませんが）は、燻すとかなり匂いが変化するの

57

で注意してください。甘い香りはたちまち嫌な匂いに変わります。

　最初に植物の材料（花、葉、樹皮、根）を乾燥させて細かく砕いたものを何種類も用意し、それぞれのハーブを少量ずつ燃える木炭ブロックにのせてからいい香りかどうか判断してもよいでしょう。そのために用意したノートまたは情報カードに、植物名と香りをメモしておくと便利です。ハーブを燃やすたびに気づいたサイキックな感覚あるいは、その他に気が付いたことも記録しておきましょう。少しずつインセンスの材料について詳しい知識が積み重なり、ハーブの魔法に役立てられるようになるでしょう。

　意外かもしれませんが、香りは魔法のインセンスの主な要素ではありません。ただし一般的には、前向きな目的達成にはよい香り、魔除けの儀式には嫌な香りを使用します。

　香りはパワーです。香りによって私たちは儀式にふさわしい意識に移行し、パワーを高め、そこに適切なエネルギーを注ぎ、目的達成に向けてそのパワーを送り出すことができます。ですが、インセンスがどれもよい香りを放つわけではありません。強烈な樹脂の香りを放つものもあれば、強烈な刺激臭を放つものもあります。儀式に使用するインセンスは人間の鼻が心地よいと感じるようにではなく、魔術を行うあいだにふさわしいエネルギーが湧き出すようにブレンドされます。

　だからといってインセンスを敬遠することはありません。匂いが「心地よい」あるいは「不快」と、連想する大半のことは後天的に学んだもので、私たちの鼻に何種類もの香りを嗅ぎ分ける能力はありません。なじみのない香りを受けつけるように鼻を訓練すれば、魔法のために我慢するのではなく、楽しみながらインセンスを焚くことができるようになります。

　魔法用品店には、魔法に使うためのインセンスが揃っています。珍しいブレンドの多くが数ドル（数百円）です。そのような商品にも効果はありますが、自分で作ってもよいでしょう。

2種類のインセンス

　インセンスは魔法に欠かせませんが、調合に関しては謎めいています。幸い

なことに、練習すれば作るのは意外に簡単です。

　魔法では2種類のインセンスを使用します。「着火しやすいタイプ」と「着火しにくいタイプ」です。前者は燃焼を助ける硝酸カリウム（硝石）を含み、後者は硝酸カリウムを使いません。そのため、「着火しやすいインセンス」は、ブロック、コーン、スティック型などに成形しても燃えますが、「着火しにくいインセンス」は赤く焼けた木炭ブロックに撒いて香りを立てます。

　魔法で使用するインセンスの95パーセントは着火しにくい未加工品、すなわち粉状のタイプです。理由はおそらく作りやすさです。ハーブの魔術師は、効率的な人が多いのです。

　また一部の魔術（特に占いや霊を呼び出す儀式）には、勢いよく立ち昇る煙が必要です。コーン、スティック、ブロック型のインセンスは一定のペースで燃えるため、そのような効果を得られません。

　状況次第で、「着火しやすいインセンス」の長所が短所を補うこともあります。予定になかった儀式でお金を引き寄せるインセンスを焚くことになった場合、香炉、木炭ブロック、インセンスを用意し、木炭に火をつけて香炉に置き、その上にインセンスを撒いてもよいですし、お金を引き寄せるコーン型インセンスに火をつけて香炉にセットし、儀式を行ってもよいでしょう。

　魔術師ごとに好きなインセンスのタイプは異なります。私は着火しにくい未加工のインセンスが好きですが、賢明な魔術師は両方を揃えています。そのため、ここでは両方のタイプの作り方を教えましょう。

着火しにくいインセンス

　必要な材料をすべて揃えてください。足りないものがあれば代用品を使います（詳しくは、PARTⅠの第5章「自分のレシピを作る」またはPARTⅢを参照）。

　どの材料も乳鉢と乳棒または電動ミルを使って細かく挽き、できれば粉にします。樹脂には粉になりにくいものがありますが、練習すれば感覚がつかめます。私はハーブを扱い始めた頃にフランキンセンスを粉にすることができませんでした。乳鉢の縁や乳棒の先に溜まってしまうのです。しばらくして、私は抵抗するのをやめ（そして悪態をつくのもやめました。インセンスに使うハー

ブに対してやってはいけないことです)、作業の流れに身を任せるようにしたのです。するとフランキンセンスはちょうどよい具合に仕上がりました。

　準備が整ったら、インセンスを使う目的(防御、愛、健康など)に気持ちを集中させます。木製または陶器の大きいボウルで樹脂とゴムを両手で混ぜます。香りのよい材料を混ぜながら、それらのエネルギーも一緒に混ぜます。あなたのパワー(あなたの目的に向けて振動しています)が両手から出て、インセンスに注がれる様子をイメージします。この手順によって、市販のインセンスよりも自家製のインセンスの方が効果は高まります。

　次に粉にした葉、樹皮、花、根を全部混ぜます。混ぜる際にインセンスを使用する目的をイメージするか、そこに意識を集中し続けます。

　レシピの中のオイルあるいは液体(ワイン、はちみつ等)を加えます。普通は数滴で充分です。オイルについては、レシピに乾燥した材料が充分にあるなら、足りないハーブをオイルで代用することもできます。その場合は精油を使ってください。合成オイルを燃やすとプラスチックを燃やしたような匂いがします。

　すべての材料をよく混ぜ合わせたら、粉にした貴石その他、パワーを高めるための材料を加えます。本書のレシピのいくつか(多くはありません)は、粉にした石を少量使います。

　石の粉を作るには、必要な種類の小さめの石を用意して、金属製の乳鉢と乳棒で砕きます(もしくは硬い面に置いて金づちで叩いて砕きます)。砕いたものを粉に挽いて、ごく少量をインセンスに加えます。

　パワーを高める一般的な「石」のひとつがアンバーです。化石化したこの樹脂をブレンドに加えると効果が増しますが、値段は高いかもしれません。

　これでインセンスの調合が終わりました。インセンスにパワーを注入したら完成です(詳しくは、PART Iの第２章「調合比率について」を参照)。密封できる広口瓶に保存しましょう。インセンスの名前と作成日を記入したラベルを丁寧に貼っておけば必要なときにすぐ使えます。

着火しやすいインセンス

　着火しやすいインセンス（コーン、ブロック、スティック型）は材料の調合が少し複雑になりますが、その作業に見合う分の結果は得られると多くの人が感じています。

　正直に言うと調合の部分は簡単ではありません。材料の一部は入手が難しく、作業はやっかいで、なかなか思い通りにはいきません。着火しやすいインセンスは、着火しにくいタイプに負けないほどの効果があるのか疑問に思う人もいます。スティック、コーン、ブロック型のタイプは硝酸カリウムを含むため、私は長いあいだ作ることも使うこともためらっていました。その理由は、硝酸カリウムは魔法では火星と関係があり、インセンスに不必要な攻撃的エネルギーが加わるのではないかと感じていたからです。

　ですが、着火しにくいインセンスを焚くための木炭ブロックも硝石を含むことを考えたときにためらいが薄れ、試してみました（それでも私はいまだに未加工のインセンスが気に入っています。好みは人それぞれです）。

　最初のうちは、着火しやすいインセンスを作るのは不可能だと思うかもしれません。ですがあきらめずに続ければ、自家製のコーン型インセンスに火をつけて達成感を味わえるはずです。

　成形するタイプのインセンスはどれも、基本成分としてトラガカンスの糊を含みます。トラガカンスは一部のハーブ販売店で入手できます。かなり高価ですが少量で何カ月も持ちます。

　トラガカンスの糊を作るには、まずティースプーン1杯の砕いたトラガカンスをコップ1杯分のお湯に入れます。次に粒子が消えるまでよく混ぜます。この作業は、材料をボウルに入れて泡立て器でかき混ぜるとやりやすくなります。泡が立ってきますが、泡は簡単にすくえますし、時間が経てば消えます。トラガカンスには水を大量に吸収する性質があります。1オンスで1週間に1ガロン（約3.8リットル）もの水を吸収します。そこでトラガカンスが刺激臭のある濃い粘液状になるまで水を吸わせます。濃度はどのタイプのインセンスを作るかによります。スティック型（作るのが最も難しい）なら薄めに作りま

す。ブロックとコーン型なら濃いめに作ります。まずは練習してみてください。何度かやってみれば、トラガカンスの糊が適切な濃さになったかがわかるようになります。

　トラガカンスがないときは、代わりにアラビアガムを使ってみてください。これも水をよく吸収します。私はインセンスにアラビアガムを使ったことはまだありませんが、トラガカンスと同様に使えると誰もが伝えています。

　トラガカンスの糊ができたら、湿らせた布で容器を覆い、そのままにしておきます。次第に濃くなるので、濃くなりすぎたら水を少し足してよくかき混ぜてください。

　次にインセンスのベースを作ります。本書のすべてのレシピが火をつけて使うインセンスではありません。実際、レシピの多くは、着火しにくいインセンスとして紹介しています。ですが、（着火しやすいインセンスの）ベースに、そういった燃えにくいインセンスを足せば、着火しての使用ができるはずです。次は、インセンスのベースで標準的なレシピです。

☆コーン型インセンスのベース

　　細かく挽いた木炭（自己点火しないタイプ）　………… 6
　　細かく挽いたベンゾイン　………………………………… 1
　　細かく挽いたサンダルウッド　…………………………… 2
　　細かく挽いたオリス・ルート
　　　（ニオイアヤメの根。これが香りを決めます）　……… 1
　　精油（インセンスの材料となるいずれかのハーブのオイルを使用）
　　　を6滴調合し、パワーを注いだインセンス　………… 2〜4滴

　まず、レシピにある4つの材料をよく混ぜます。精油を足して両手でさらに混ぜます。きめの細かい粉のブレンドを作るように心がけます。納得するまで合わせた材料をミルで挽くか、乳鉢ですりつぶしてもよいでしょう。

　よく混ぜてパワーを注いだインセンスのブレンド（前述の「着火しにくいインセンス」の指示に従って作成したもの）を2〜4の割合で足します。両手で

インセンス（お香）

よく混ぜます。

　次に、できたインセンスの重さを小型のキッチンスケールで量り、重量の10パーセントの硝酸カリウムを加えます。インセンスが10オンス（約280グラム）なら、硝酸カリウムを1オンス（約28グラム）足します。白い粉がすっかり混ざるまで混ぜてください。

　硝酸カリウムの量は完成したインセンスの総量10パーセントを超えないようにします。それ以上、追加すると燃えかたが勢いよくなりすぎます。また、それより少ないとまったく燃えないかもしれません。

　硝酸カリウムを入手するのは難しくありません。私はたいていドラッグストアで買っています。ドラッグストアになければ化学薬品を扱う店を当たってみましょう。

　次にトラガカンスの糊を足します。一度にティースプーン1杯ずつ足し、大きなボウルですべての材料がしっとりするまで両手でかき混ぜます。コーン型インセンスを作る場合は、硬めのパン生地のような感触が求められます。硬すぎるとうまく形がまとまらず、乾かすのに時間がかかります。簡単に成形でき、その形を保持できる硬さでないといけません。

　パラフィン紙を敷いて、店で売っているものをマネして基本的なコーンの形にまとめます。その形でないとうまく燃えないことがあります。

　成形したら温かい場所で2～7日かけて乾かします。あなたのインセンスの完成です。

　ブロック型インセンスは、パラフィン紙の上で硬い生地を厚さ1／3インチ（約1センチ）の四角形に整えます。ブラウニーを小さく切り分けるように、包丁で1インチ（約3センチ）×1インチの立方体にカットします。少しずつ隙間を空けて乾かします。

　スティック型インセンスも作ってみましょう。インセンスのベースを混ぜたものにトラガカンスの糊をさらに足して、濃さを保ちながら少し薄めます。上手に作るコツは、インセンスとトラガカンスの糊を合わせた液体のちょうどよい濃さを判断し、またこのインセンスに使う適切な材料を見つけることです。

プロは薄い竹の細板を使いますが、簡単には見つかりません。そこで自分で作った木や竹の細板、ほうきに使う藁、極細の小枝、あるいは食料雑貨店などで手に入る木串を使ってみましょう。

棒を液体に浸し、まっすぐ立てたまましばらくおき、もう一度浸します。普通は何度か浸さないといけません。ここが最も難しいところです。

充分な量のインセンスが棒の周りに溜まったら、平らな粘土板か何かに差してまっすぐに立て、そのまま乾かします。

スティック型インセンスを作る方法は他にもあります。硬めのインセンス生地を使うのです。パラフィン紙の上に生地を置き、叩いて薄く伸ばします。生地の上に棒を置いたら薄く伸ばした生地を棒に巻きつけます。インセンスの厚みは棒の太さの倍を超えてはいけません。生地を棒に押しつけ、外れないようにしてそのまま乾かします。

私自身はこのレシピに木炭を足すのはあまり好きではありませんし、不必要だと思います。木炭を足すと、作業の途中で何度も手を洗わないといけないからです。また木炭は昔から使われてきましたが、インセンスに独特の匂いを与えます。次のレシピは私が使って、よい結果を得たものです。

☆コーン型インセンスのベース2

  粉末のサンダルウッド（またはシーダー、パイン、ジュニパー）……… 6
  粉末のベンゾイン（またはフランキンセンス、ミルラ等）……… 2
  細かく挽いたオリス・ルート ……………………………………… 1
  精油（インセンスの材料のいずれかのオイルを使用）………… 6滴
  パワーを注いだインセンスのブレンド ……………………… 3～5

このレシピでは、木炭の代わりに樹木の粉を使います。インセンスのレシピにサンダルウッドがあればこれを使ってください。レシピになければ、作るインセンスのタイプに応じてシーダー、パイン、またはジュニパーを使います。このインセンスのベースとする樹木はインセンスのレシピに合わせてください。それが無理なら、サンダルウッドを使ってください。

最初の3つの材料をよく混ぜたら、オイルを足してさらに混ぜます。次に完

成したインセンスを3〜5の割合で足します。インセンスは粉末を使います。重量を量り、重量の10パーセントの硝酸カリウムを加えます。

混ぜたら、トラガカンスの糊を足してさらに混ぜ、前述の要領で成形します。

着火しやすいインセンスの調合ルール

着火しやすいインセンスを調合する際に守るべき指針がいくつかあります。前述の「コーン型インセンスのベース2」のレシピでは、この指針に従ってください。そうしないとインセンスはうまく燃えないでしょう。着火しにくいインセンスを作る場合より、実験の余地がありません。

第一に、硝酸カリウムは絶対に全重量の10パーセント以上使ってはなりません。

また、樹木（サンダルウッド、アロエウッド、シーダー、ジュニパー、パイン等）とゴム樹脂（フランキンセンス、ミルラ、ベンゾイン、コーパル）の正しい比率を守りましょう。少なくとも樹脂の2倍の樹木粉末を使います。樹脂類がそれより多いとインセンスは燃えません。

当然ながら、ベースに加えるインセンスのタイプに応じて、調合比率を調整する必要があるかもしれません。フランキンセンスおよびそれに類する材料が完成品の1／3を超えないようにすれば、問題はないでしょう。

本書では着火しやすいインセンスの作り方をすべて網羅していませんが（それだけで本が1冊書けます）、あなたのインセンスを作るための情報は充分に提供しているはずです。実験するときも、これらの指針を忘れないでください。

ペーパーインセンス

ペーパーインセンスは、楽しい形の着火しやすいインセンスです。ここでは木炭とトラガカンスは必要ありません。紙とティンクチャー（チンキ剤）、硝酸カリウムが基本の材料となります。完成したら、手間をかけずに焚ける香り豊かなペーパーインセンスが何枚かできます。

PART Ⅱ　手順とレシピ

　ペーパーインセンスを作るには、まず白い吸い取り紙を1枚用意して、幅約1インチ（約2.5センチ）長さ6インチ（約15センチ）に切ります。
　次にティースプーン1.5杯の硝酸カリウムを半カップ分の熱いお湯に入れます。完全に溶けるまでかき混ぜて硝酸カリウム溶液を作ります。その硝酸カリウム溶液に紙を浸してよく染み込ませます。紙を吊るして乾かします。これでインセンスを焚くのに使う紙状のブロックができました。このインセンスの香りを邪魔するのが、紙が燃えるときに普通に出る匂いです。ティンクチャーのような香りの濃厚な材料を使うのはそのためです（詳しくは、PARTⅡの「ティンクチャー」を参照）。
　この場合、ゴムと樹脂でできたティンクチャーが最良の結果を生むようです。私は本物の精油を使ってペーパーインセンスを作ってみましたが、あまりうまくいきませんでした。
　魔法で叶えたいことに関してティンクチャーにパワーを注いでから、1枚の紙にティンクチャーを数滴垂らします。それを紙全体に伸ばして、片面全体を覆うまでさらに何滴か足します。
　紙を吊るして乾かし、必要になるまでラベルを貼った密閉容器に保存してください。
　乾燥を早めるには、オーブンを低温に設定し、扉を開けたまま、液体に浸したペーパーインセンスを金網にのせる方法です。乾いたら取り出しましょう。
　基本的にペーパーインセンスに使うティンクチャーは、何種類も混ぜるより1種類だけのほうがよいでしょう。ですがよい結果が出るまで、いろんな調合を試してみてください。
　ペーパーインセンスを使うには、1枚手に取って香炉の上で持ちます。片端にマッチで火をつけ、完全に着火したら素早く火を吹き消します。火のついた紙を香炉に置いて燻し、目的達成をイメージした後に魔法の儀式を行います。
　ペーパーインセンスはゆっくり燃えながらよい香りを立てるものでないといけませんが、使用するティンクチャーの香りの強さや紙の種類によって結果は異なります。
　香りのないペーパーインセンスは、木炭ブロックの代わりに使えます。この目的で使うには、紙を硝酸カリウム溶液に浸してから乾かし、香炉で1枚着火

させます。その紙の上にインセンスを薄く撒きます。紙が燃えるとともに、インセンスも燻ります。

　ペーパーインセンスの火が消えないようにするのは難しいかもしれません。コツは紙の下で空気を循環させることです。香炉を使用し、紙を耐熱性の台にのせるか、香炉に塩か砂を入れて、スティック型インセンスを立てるように紙の一端を刺して立ててもよいでしょう。紙は端まで燃えるはずです。

　ペーパーインセンスは、通常のインセンス（着火しやすいタイプ）に代わる、簡単で楽しいインセンスです。ぜひお試しください。

　未加工のインセンス、ブロック型インセンス、あるいはペーパーインセンスのいずれかを使う場合にも香炉が必要です。香炉は、金めっき製品、鎖つき、教会で使用するタイプから砂や塩を入れただけのボウルまで多彩です。どれを使うかは自由です。私の知人の神秘主義者は、他の香炉を買う余裕ができてもなお何年ものあいだボウルに塩を入れて使っている人たちがいました。

　私は何種類か持っていますが、いちばん気に入っているのはメキシコで買った乳鉢です。溶岩から彫り出したもので、3本の脚にのっていて香炉にちょうどよいのです。

　どの香炉が合うかは好みで決めてください。他に使えるものがなければ、ボウルに半分ほど砂か塩を入れて使いましょう。砂や塩はボウル本体とボウルを置いた面が加熱されるのを防ぎます。スティック型インセンスを立てるのにも便利です。

着火しやすいインセンスを使う

　インセンスに火をつけ、先端に着火したら火を吹き消して香炉に置きます。インセンスを燃やしながら、目標があなたの生活で実現されている様子をイメージしてください。たったそれだけです。併せて、目標に合った香りのオイルと色のキャンドルを用意し、キャンドルにオイルを塗って火を灯してもよいでしょう。

　インセンスはもっと大がかりな儀式で焚くこともあります。

着火しにくいインセンスを使う

　自己点火タイプの木炭ブロック（次項を参照）に火をつけて香炉に置きます。ブロックが燃えて材料の硝石が火花を散らさなくなったら、ティースプーン１／２杯ほどのインセンスを撒きます。小さめのスプーンを使ってもよいでしょう。ただちに燻り始め[i]、香りのよい煙が立ちます。

　最初に使うのは少量にしましょう。煙が消えかけたらインセンスを足します。スプーン１杯分も撒くと木炭ブロックの火がおそらく消えるので、少しずつにします。樹脂とゴム（フランキンセンス、ミルラ等）の含有量が多いインセンスは、樹木と葉が主成分のものより長く燃えます。

　インセンスが悪臭を放たないかぎり、木炭の上に溜まる灰はそのままにしておきます。悪臭を放ち始めたら、燻るインセンスと灰をスプーンですくい、新しいインセンスを足しましょう。フランキンセンスは、しばらく燻したあとで嫌な匂いを放つことがよくあります。

　インセンスは魔法の儀式の一環として、高次元の力を讃えるために、あるいは家から負の要素を追い払い、屋内を穏やかな波動で満たすための技として焚くことができます。

木炭ブロック

　着火しにくいインセンスを焚くのに必要です。直径１インチ（2.54センチ、通常円形です）を超えるものから直径約半インチまで、大きさはさまざまです。たいていの宗教用品店および魔法用品店で扱っており、通販でも注文できます。

　木炭ブロックは、着火を助けるための硝酸カリウムを製造過程で加えます。火のついたマッチを近づけると、新しい木炭ブロックからは火花が散り、たちまち全体に火が広がります。ブロックを手に持ったほうが火はつきやすいかもしれません。その場合は、指をやけどしないように火をつけてすぐに香炉に置きましょう。ブロックを香炉に置いて火をつければやけどを防げます。後者の

---

[i]「燃やす・焚く」と「燻す」は違います。本書で何度か「このインセンスを燃やす・焚く」という表現を使いますが、本当は「燻す」という意味です。

やり方だと、いくらか火がつきにくくなります。

あいにく木炭ブロックの中には古くなっていたり、湿度の高い場所に放置されていたり、硝酸カリウム溶液に充分に浸されておらず、うまく火がつかないことがあります。その場合は全体に火が回って赤くなるまで、何度でも火をつけ直してください。火がついたらインセンスを撒きましょう。

シンプルなインセンス

次に挙げるのはハーブを1種類だけ使ったインセンスです。必要なときに木炭ブロックの上で焚きます。調合しないタイプなので、次項のレシピのリストではなく、ここに掲載します。

これらは即席のインセンスなので、調合したり分量を量ったりする必要がありません。ただ粉に挽いて、使用する前にパワーを注いでください。

Allspice／オールスパイス
お金と幸運を引き寄せ、身体エネルギーをさらに供給するために焚きます。

Arabic, Gum／アラビアガム
家の浄化と防御に使います。

Bay／ベイ（月桂樹）
浄化、ヒーリング、防御、サイキック能力向上に、少量を使用します。

Benzoin／ベンゾイン（安息香）
浄化、繁栄、精神力の強化。

Ceder／シーダー
浄化、防御、ヒーリング、霊性向上、お金の引き寄せなどに使います。

Cinnamon／シナモン
サイキック能力向上、お金の引き寄せ、ヒーリング、防御、愛の強化に使用します。

Clove／クローブ（丁字）
防御、魔除け、お金、恋愛、浄化。

Copal／コーパル
　防御、お清め、浄化、霊性向上、水晶などの石を魔法で使用する前の浄化。

Dragon's Blood／ドラゴンズブラッド
　恋愛、防御、魔除け、性的能力向上。

Fern／ファーン（シダ植物）
　乾燥した葉を屋内で燃やして邪気を払い、外で燃やして雨を呼びます。

Frankincense／フランキンセンス（乳香）
　防御、魔除け、霊性向上、恋愛、神聖化。

Juniper／ジュニパー（セイヨウネズ）
　魔除け、防御、ヒーリング、恋愛。

Myrrh／ミルラ（没薬）
　ヒーリング、防御、魔除け、平安、神聖化、瞑想。

Pine／パイン（マツ）
　お金、浄化、ヒーリング、魔除け。

Rosemary／ローズマリー
　防御、魔除け、浄化、ヒーリング、睡眠を誘う、若さを回復／維持する、恋愛を引き寄せる、知力を高める。

Sage／セージ
　ヒーリングと霊性向上。

Sandalwood／サンダルウッド（白檀）
　防御、ヒーリング、魔除け、霊性向上。

Thyme／タイム
　健康、ヒーリング、浄化。

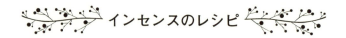
インセンスのレシピ

　以下に掲載するレシピは本書の初版に載せたものと違い、調合比率を提案しています。また新しいレシピをいくつか追加し、一部を改良しました。

また有毒であるもの、規制されているもの、あるいはアメリカの現行法のもとで違法な材料には（☠）印をつけました。

☠印のハーブを使用することはおすすめしません。よりよい結果を得るには、危険の少ない他の材料で代用してください。☠印の代用品としては常にタバコが適切です（詳しくは、PARTⅢの「はじめに」を参照）。

🌿 ABRAMELIN INCENSE ／アブラメリン（古代エジプト魔術の神）のインセンス

　　　ミルラ　……………………………　2
　　　アロエウッド　………………………　1
　　　シナモン・オイル　……………………　数滴

儀式のあいだ精霊とつながるため、あるいは祭壇や魔法の道具を聖別するために神聖化のインセンスとして燃やします。

🌿 AIR INCENSE ／風のインセンス（要注意！）

　　　ベンゾイン　……………………………　4
　　　マスティックガム　……………………　2滴
　　　ラベンダー　……………………………　1
　　　ワームウッド ☠　……………………　ひとつまみ
　　　ミスルトー ☠　………………………　ひとつまみ

風の元素のパワーを呼び出します。もしくは知力の向上、旅行の実現、コミュニケーションの促進、学力、集中力の向上、あるいはドラッグ依存症を断つために焚きます。また占いの儀式のあいだにも焚きます。

🌿 ALTAR INCENSE ／祭壇のインセンス

　　　フランキンセンス　……………………　3
　　　ミルラ　……………………………　2
　　　シナモン　……………………………　1

場を清めるために祭壇で焚く一般的なインセンスです。

🌿 APHRODITE INCENSE／アフロディテ（愛と美の女神）のインセンス

シナモン	1
シーダー	1
サイプレス・オイル	数滴

恋愛を引き寄せる儀式の最中に焚きます。

🌿 APOLLO INCENSE／アポロ（太陽神）のインセンス

フランキンセンス	4
ミルラ	2
シナモン	2
ベイ	1

占いおよびヒーリングの儀式の最中に焚きます。

🌿 APPARITION INCENSE／幽界のインセンス（要注意！）

アロエウッド	3
コリアンダー	2
カンファートゥリー	1
マグワート	1
フラックス	1
アニス	1
カルダモン	1
チコリ	1
ヘンプ（麻）☠	1

本当に幽霊に現れてほしいときに焚きます。

インセンス（お香）

ARIES INCENSE／牡羊座のインセンス

　　フランキンセンス　……………………　2
　　ジュニパー　………………………………　1
　　シダーウッド・オイル　………………　3滴

個人の祭壇や住宅用の浄化として焚き、自身のパワーを高めます。

ASTRAL TRAVEL INCENSE　　　　　　　　／アストラル投射（幽体離脱）のインセンス

　　サンダルウッド　…………………………　3
　　ベンゾイン　………………………………　3
　　マグワート　………………………………　1
　　ディタニーオブクリート　………………　1

部屋で少量焚いて、アストラル投射を助けます。

AQUARIUS INCENSE／水瓶座のインセンス

　　サンダルウッド　…………………………　1
　　サイプレス　………………………………　1
　　パイン樹脂　………………………………　1

個人の祭壇や住宅用の浄化として焚き、自身のパワーを高めます。

BABYLONIAN RITUAL INCENSE　　　　　／バビロニア（メソポタミア神話）儀式のインセンス

　　シーダー　…………………………………　3
　　ジュニパー　………………………………　2
　　サイプレス　………………………………　1
　　タマリスク　………………………………　1

バビロニアおよびシュメールの魔法の儀式のあいだ焚きます。もしくはイナンナ、マルドゥーク、エンリル、ティアマトなどの神々と同調するときに焚きます。

BELTANE INCENSE／ベルテーン（ウイッカンの祭り）のインセンス

フランキンセンス …………………… 3
サンダルウッド ……………………… 2滴
ウッドラフ …………………………… 1
ローズの花びら ……………………… 1
ジャスミン・オイル ………………… 数滴
ネロリ・オイル ……………………… 数滴

ウイッカン（ウイッカ信者）の祭りであるベルテーン（4月30日）、もしくは5月祭（5月1日）のウイッカの儀式で焚いて、幸運と恩恵を引き寄せ、季節の変化と同調します。

BINDING INCENSE／融合のインセンス（要注意！）

ネトル ………………………………… 4
シスル ………………………………… 4
ノットグラス ………………………… 4
ナイトシェイド ☠ …………………… 1/4
アコナイト（ウォルスベイン）☠ …… 1/4

有害な習慣や思考を断つために、屋外で儀式を行うあいだ注意して焚きます。使用するのは少しですが、煙を吸ってはいけません。

BORN AGAIN INCENSE／転生のインセンス

フランキンセンス …………………… 3
マレイン ……………………………… 1
マム …………………………………… 1

友人や大切な人がこの世を去り、動揺しているときに焚きます。

🌿 BUSINESS INCENSE ／ビジネスのインセンス

　　ベンゾイン ……………………………… 2滴
　　シナモン ………………………………… 1
　　バジル …………………………………… 1

顧客を引き寄せるために焚きます。

🌿 CANCER INCENSE（MOONCHILDREN）／蟹座のインセンス

　　ミルラ …………………………………… 2
　　サンダルウッド ………………………… 1
　　ユーカリ ………………………………… 1
　　レモンピール …………………………… 1
　　（もしくはレモン・オイル ……………… 数滴）

個人の祭壇や住宅用の浄化として使い、自身のパワーを高めます。

🌿 CAPRICORN INCENSE ／山羊座のインセンス

　　サンダルウッド ………………………… 2
　　ベンゾイン ……………………………… 1
　　パチョリ・オイル ……………………… 数滴

個人の祭壇や住宅用の浄化として使い、自身のパワーを高めます。

🌿 CEREMONIAL MAGIC INCENSE ／魔法礼典のインセンス

　　フランキンセンス ……………………… 3滴
　　マスティックガム ……………………… 2
　　アロエウッド …………………………… 1

このレシピは『The Key of Solomon the King』(「ソロモン王の鍵」未訳、詳しくは巻末の「参考文献」を参照)から転載したもので、いかにも魔術書らしいレシピです。一般的な魔法に使用してパワーを高め、場を清めます。他にメース(ニクズク)、ブランデー、バーベイン(クマツヅラ)といった材料を使うレシピもあります。

CEREMONIAL MAGIC INCENSE ／魔法礼典のインセンス2

　　　フランキンセンス　…………………… 2
　　　アロエウッド　…………………… 1
　　　ムスク・オイル　…………………… 数滴
　　　アンバーグリス・オイル　…………………… 数滴

前項と同じ。

CIRCLE INCENSE ／サークルのインセンス

　　　フランキンセンス　…………………… 4
　　　ミルラ　…………………… 2
　　　ベンゾイン　…………………… 2
　　　サンダルウッド　…………………… 1
　　　シナモン　…………………… 1/2
　　　ローズの花びら　…………………… 1/2
　　　バーベイン　…………………… 1/4
　　　ローズマリー　…………………… 1/4
　　　ベイ　…………………… 1/4

「サークル(魔法円)」[ii]は、ウイッカンおよび魔術師が儀式を行う場での一般的な魔法に、また一般的な儀式用インセンスとして使います。

[ii]「サークル」は、儀式の場を取り巻くエネルギーの球体を形成するようにすること。個人のパワーの方向を定めることで成立します。詳しくは、拙著『魔女の教科書　自然のパワーで幸せを呼ぶウイッカの魔法入門』(パンローリング刊)を参照してください。

🌿 CLEARING INCENSE ／浄化のインセンス

　　　フランキンセンス …………………………… 3
　　　コーパル ……………………………………… 3
　　　ミルラ ………………………………………… 2
　　　サンダルウッド ……………………………… 1

　家の住人同士が議論をしていたり、怒り、嫉妬、抑鬱、恐れを抱いているときに。その他の負の感情で家の雰囲気が重くて濃いと感じるときに、負の波動を払うために焚きます。

🌿 CONSECRATION INCENSE ／神聖化のインセンス

　　　アロエウッド ………………………………… 2
　　　メース ………………………………………… 1
　　　ストラックス（もしくはアラビアガム）… 1
　　　ベンゾイン …………………………………… 1

　魔法の道具、宝石、水晶などの石の浄化など。道具を神聖化したい場合、このインセンスを焚きながら道具を煙に数回くぐらせます。煙が道具を清めているとイメージしながら行ってください。

🌿 COURAGE INCENSE ／勇気のインセンス

　　　ドラゴンズブラッド ………………………… 2
　　　フランキンセンス …………………………… 1
　　　ローズゼラニウムの葉 ……………………… 1
　　　（もしくはローズゼラニウム・オイル …… 数滴）
　　　トンカのブーケ ……………………………… 数滴
　　　ムスク・オイル ……………………………… 数滴

　勇気を高めるときに焚きます。インセンスを焚けない状況にいるときは、香りを思い出して強くなってください。トンカのブーケがなければ、トンカのティ

ンクチャーもしくはバニラのティンクチャー（またはエッセンス）を使ってください。

🌿 CRYSTAL PURIFICATION INCENSE ／水晶を清めるインセンス

　　　フランキンセンス　………………………… 2
　　　コーパル　………………………………… 2
　　　サンダルウッド　………………………… 1
　　　ローズマリー　…………………………… 1
　　　粒子の細かい塩　………………………… ひとつまみ
　　　浄化したい先の尖った小さな水晶　……… ひとつ

使用するには、少量のインセンスを木炭ブロックに撒きます（水晶は瓶に入れておきます）。インセンスを燻し、水晶を煙にくぐらせて清め、煙が石の不浄を運び去っていく様子をイメージします。このインセンスはこの他に「浄化の儀式[iii]」で併せて使うことも、それらの代わりに使うこともできます。

🌿 CURSE-BREAKER INCENSE ／呪いを解くインセンス

　　　サンダルウッド　………………………… 2
　　　ベイ　………………………………………… 1

「呪われている」と感じたら、夜、開いた窓のそばで焚きます。呪われることはめったにありませんが、呪われていると思い込むと呪われます。ですから、このインセンスを焚いて、その煙があなたからあらゆる負の要素を消し去る様子をイメージします。また、可能であれば月が欠けていくあいだに7晩、この儀式を繰り返します。

🌿 CURSE-BREAKER INCENSE ／呪いを解くインセンス 2

　　　サンダルウッド　………………………… 2

[iii] 小さい水晶を浄化するには数日間、日に当てたり、流れる水の中にひと晩置いたり、1週間ほど土に埋めたりします。

インセンス（お香）

  ベイ …………………………… 1
  ローズマリー ……………………… 1

前項と同じ。

❧ CURSE-BREAKER INCENSE／呪いを解くインセンス 3

  フランキンセンス ………………… 2
  ローズマリー ……………………… 1
  ドラゴンズブラッド ………………… 1

負の要素全般を取り除くために焚きます。

❧ DIVINATION INCENSE／占いのインセンス（要注意！）

  クローブ ☠ ………………………… 1
  チコリ ………………………………… 1
  シンクフォイル ……………………… 1

タロットカード、マジックミラー、水晶玉、ルーンストーンなどを使用するあいだ、もしくはその直前に焚きます。ですが注意してください。あまりよい匂いではありません。

❧ DIVINATION INCENSE／占いのインセンス 2

  サンダルウッド ……………………… 2
  オレンジピール ……………………… 1
  メース ………………………………… 1
  シナモン ……………………………… 1

前項と同じ。こちらのほうがいくらか匂いはマシです。

🌿 DREAM INCENSE／夢のインセンス

　　サンダルウッド ……………………………… 2
　　ローズの花びら ……………………………… 1
　　カンファートゥリー ………………………… 1
　　テューブローズのブーケ ………………… 数滴
　　ジャスミン・オイル ……………………… 数滴

　就寝前に寝室で少量を焚くと、サイキックな夢が見られます。ただし、眠りに落ちる前に香炉を部屋の外に出すこと。本物のカンファートゥリーだけを使用してください（詳しくは、PARTⅠの第4章「材料」を参照）。なければ、カンファートゥリーのエッセンスを数滴加えます。

🌿 EARTH INCENSE（ELEMENTAL）／土のインセンス（四大元素）

　　パイン樹脂、またはパインニードル …… 2
　　パチョリ ……………………………………… 1
　　粒子の細かい塩 ………………………… ひとつまみ
　　サイプレス・オイル ……………………… 数滴

　土の元素のパワーを呼び出し、お金、安定などを手に入れるために焚きます（土の元素について詳しくは、PARTⅢを参照）。

🌿 EARTH INCENSE（PLANETARY）／地球のインセンス（惑星）

　　パインニードル（マツバ） …………… 1
　　タイム ………………………………………… 1
　　パチョリ・オイル ………………………… 数滴

　地球を讃えるために、また地球を敬うあらゆる儀式で焚きます（詳しくは、PARTⅢを参照）。

EGYPTIAN INCENSE ／古代エジプトのインセンス

　　　フランキンセンス　………………… 4
　　　アラビアガム　　　………………… 3
　　　ミルラ　　　　　　………………… 2
　　　シーダー　　　　　………………… 1
　　　ジュニパー　　　　………………… 1
　　　カラムス　　　　　………………… 1
　　　シナモン　　　　　………………… 1

エジプトの儀式のあいだ、もしくはイシス、オシリス、トト、アヌビス、セルケト、ヘケトといった古代エジプトの神々を讃えるために焚きます。

EIGHTFOLD HEARTH INCENSE
／エイトフォールド・ハース・インセンス（中国式のお香）

　　　ドラゴンズブラッド　………………… 2
　　　ミルラ　　　　　　　………………… 2
　　　ジュニパー　　　　　………………… 1
　　　サッサフラス　　　　………………… 1/2
　　　オレンジの花　　　　………………… 1/2
　　　ローズの花びら　　　………………… 1/2

安全で温かく愛に満ちた家庭を手に入れるために焚きます。またプレゼントとして人に贈ります。

ESBAT INCENSE ／エスバト（魔女の集会）のインセンス

　　　フランキンセンス　　………………… 4
　　　ミルラ　　　　　　　………………… 3
　　　ベンゾイン　　　　　………………… 2
　　　サンダルウッド　　　………………… 1
　　　ガーデニアの花びら　………………… 1

```
オリス ……………………………… 1/2
タイム ……………………………… 1/2
ポピーシード（ケシの実） ……… 1/2
ローズの花びら …………………… 1/2
```

満月の日の儀式および魔術の最中、もしくはサバト（詳しくは、「用語集」の「Sabbat／サバト」を参照）以外のウイッカンの集会で焚きます。

🌿 EXORCISM INCENSE／魔除けのインセンス

```
フランキンセンス ………………… 3
ローズマリー ……………………… 1
ベイ ………………………………… 1
アベンス …………………………… 1
マグワート ………………………… 1
セントジョーンズワート ………… 1
アンゼリカ ………………………… 1
バジル ……………………………… 1
```

強力な浄化のインセンスとして、不穏な場所で窓を開けて焚きます。燃えているあいだに口で呼吸してください。

🌿 FIRE INCENSE（ELEMENTAL）／火のインセンス（四大元素）

```
フランキンセンス ………………… 3
ドラゴンズブラッド ……………… 2
レッドサンダルウッド …………… 1
サフラン …………………………… ひとつまみ
ムスク・オイル …………………… 数滴
```

火のパワーと火の存在を呼び出すため、また成功、強さ、防御、健康、情熱など。その他、同様の目標を叶えるために焚きます。本物のサフランは高価な

ので、ほんのひとつまみで充分です。備えがなければオレンジピールで代用してください。

FIRE OF AZRAEL
／アズラエル（ユダヤ教の死の天使）のインセンス

サンダルウッド	1
シーダー	1
ジュニパー	1

　水晶玉や火を使う占いの最中に焚きます。あるいは木炭の炎が収まってから木炭の火にくべて、のぞき込むと煙の中から像が現れます。後者の儀式は夜、浜辺で行うのがよいでしょう。アズラエル（ユダヤ教の死の天使）の火のインセンスは、死者の霊を呼び出すための一般的なインセンスとしても使われます。

"FOR EMERGENCIES" INCENSE
／"緊急時用"のインセンス（要注意！）
（ジム・アランの歌「トーキン・ウイッカ・ブルース」にヒントを得たレシピ）

フランキンセンス	3
ドラゴンズブラッド	2
ミルラ	2
ローズマリー	1
アサフェティダ ☠	1
カイエンヌペッパー ☠	1
グレインズオブパラダイス	1
ルー ☠	1
ガーリック ☠	1

　邪悪な悪魔、激しい怒り、収税官、酔っ払い、その他、不快な生き物を追い払うために焚きます。ただし、後ろに下がって鼻を押さえましょう（あるいはこのインセンスが燻っているあいだは部屋を出たほうがよいでしょう）。

PART Ⅱ　手順とレシピ

☠印を添えたハーブは危険でも有害でもありませんが、煙が大量に出て、目や鼻や肺を刺激します。

🌿 FULL MOON RITUAL INCENSE／満月儀式のインセンス
　　　フランキンセンス　……………………　3
　　　サンダルウッド　………………………　1

満月の儀式のあいだ、もしくはただ月と同調するために焚きます。

🌿 FULL MOON RITUAL INCENSE／満月儀式のインセンス 2
　　　サンダルウッド　………………………　2
　　　フランキンセンス　……………………　2
　　　ガーデニアの花びら　…………………　1/2
　　　ローズの花びら　………………………　1/4
　　　アンバーグリス・オイル　……………　数滴

前項と同じ。

🌿 FULL MOON RITUAL INCENSE／満月儀式のインセンス 3
　　　ガーデニアの花びら　…………………　3
　　　フランキンセンス　……………………　2
　　　ローズの花びら　………………………　1
　　　オリス　…………………………………　1/2
　　　サンダルウッド・オイル　……………　数滴

前々項と同じ。

🌿 GAMES OF CHANCE INCENSE／強運のインセンス
　　　マスティックガム　……………………　2
　　　フランキンセンス　……………………　2

賭け事の前に焚きます。

🌿 GEMINI INCENSE ／双子座のインセンス

  マスティックガム …………………………………… 2
  シトロン ……………………………………………… 1
  （またはオレンジピールとレモンピールを混ぜたもの …… 1）
  メース ……………………………………………… 1/2

個人の祭壇や住宅用の浄化として使い、自身のパワーを高めます。

🌿 GREEK GOD AND GODDESS INCENSE
／ギリシャ神と女神のインセンス

  フランキンセンス ………………… 4（アポロに捧げる）
  ミルラ ……………………………… 2（デメテルに捧げる）
  パイン ……………………………… 1（ポセイドンに捧げる）
  ローズの花びら …………………… 1（アフロディテに捧げる）
  セージ ……………………………… 1（ゼウスに捧げる）
  ホワイトウィローの樹皮 ………… 1（ペルセポネに捧げる）
  オリーブ・オイル ………………… 数滴（アテナに捧げる）
  サイプレス・オイル ……………… 数滴（アルテミス／ヘカテー
              に捧げる）

神々を讃えるために焚きます。

🌿 HEALING INCENSE ／ヒーリングのインセンス

  ローズマリー ……………………………… 1
  ジュニパーベリー ………………………… 1

イメージしながら、ヒーリングを促すために焚きます。

PART Ⅱ　手順とレシピ

🌿 HEALING INCENSE／ヒーリングのインセンス 2

ミルラ	2
シナモン	1
サフラン	ひとつまみ

前項と同じ。

🌿 HEALING INCENSE／ヒーリングのインセンス 3（要注意！）

ミルラ	3
ナツメグ	2
シーダー	1
クローブ ☠	1
レモンバーム	1/2
ポピーシード	1/2
パイン・オイル	数滴
アーモンド・オイル	数滴

前々項と同じ。

🌿 HEALING INCENSE／ヒーリングのインセンス 4

ミルラ	3
ローズの花びら	1
ユーカリ	1
サフラン	ひとつまみ
シダーウッド・オイル	数滴

🌿 HEALING INCENSE／ヒーリングのインセンス 5

ジュニパーベリー	2
ローズマリー	1

🌿 HECATE INCENSE／女神ヘカテーのインセンス

　　　サンダルウッド　……………………　3
　　　サイプレス　………………………　2
　　　スペアミントまたはペパーミント　………　1

　女神ヘカテーを讃えます。月が欠けていくときに十字路で、あるいは儀式の最中に焚きます。

🌿 HONORS INCENSE／栄光のインセンス

　　　ベンゾイン　……………………………　2
　　　アロエウッド　…………………………　1
　　　ペッパーワートまたはルー　………………　1/2

　名誉と恩恵を手にするために焚きます。

🌿 HORNED GOD INCENSE／有角神のインセンス

　　　ベンゾイン　……………………………　2
　　　シーダー　………………………………　1
　　　パイン　…………………………………　1
　　　ジュニパーベリー　………………………　1
　　　パチョリ・オイル　………………………　数滴

　特にウイッカの儀式の最中に、様々な姿に形を変える有角神を讃えて焚きます。

🌿 HOUSE PURIFICATION INCENSE／家を浄化するインセンス

　　　フランキンセンス　………………………　3
　　　ドラゴンズブラッド　……………………　2
　　　ミルラ　…………………………………　1
　　　サンダルウッド　…………………………　1

ウッドベトニー（カッコウチョロギ） … 1
ディル・シード ……………………… 1/2
ローズゼラニウム・オイル ……………… 数滴

　最低でも月に一度、できれば満月の日に、屋内で焚いて家を浄化しましょう。また引っ越しの前に新しい家で焚きます。

🌿 IMBOLC INCENSE／インボルク（ウイッカンの祭り）のインセンス

フランキンセンス ……………………… 3
ドラゴンズブラッド ……………………… 2
レッドサンダルウッド …………………… 1/2
シナモン ………………………………… 1
赤ワイン ………………………………… 数滴

　このブレンドには、インボルク（2月1日に春の訪れを祝う祭り）の時期にそれぞれの土地で真っ先に咲く花（乾燥させる）をひとつまみ加えます。インボルクの日のウイッカの儀式の最中に焚くか、ただ太陽の象徴的な再生（冬の終わりを告げ春の訪れを約束する）と同調するために焚きます。

🌿 INCUBUS, INCENSE AGAINST THE／インキュバス退治のインセンス（要注意！）

サンダルウッド …………………………… 2
ベンゾイン ………………………………… 2
アロエウッド ……………………………… 2
カルダモン ………………………………… 2
カラムス …………………………………… 1/2
バースワート ……………………………… 1/2
ジンジャー ………………………………… 1/2
ペッパー …………………………………… 1/2
シナモン …………………………………… 1/2

クローブ ☠	……………………………	1/2
クローブピンク	…………………	1/2
ナツメグ ☠	………………………	1/2
メース	…………………………………	1/2
クベブ・シード	……………………	1/2
ブランデー	………………………………	数滴

　この古代のブレンドは、インキュバス（詳しくは、「用語集」の「Incubus／インキュバス」を参照）を追い払うために焚きます。

🌿 ISIS INCENSE／女神イシスのインセンス

ミルラ	…………………………	3
サンダルウッド	…………………	2
フランキンセンス	……………	1
ローズの花びら	…………………	1
ロータスのブーケ	……………	数滴（詳しくは、PART I の第４章「材料」を参照）

　イシスを讃えて焚きます。あるいは、イシスは万物を統べる女神なので、あらゆる種類の魔法の最中にも焚きます。

🌿 JUPITER INCENSE（PLANETARY）／木星のインセンス（惑星）

アロエウッド	………………………	2
ベンゾイン	…………………………	1
ストラックス（またはアラビアガム）	…	1
アッシュ・シード	…………………	1/4
ラピスラズリの粉	…………………	ひとつまみ
オリーブ・オイル	…………………	数滴

　調合して焚きます。この珍しいレシピは石（ラピスラズリ）を使い、調合し

て木星のタリスマン・チャーム（お守り）として携帯できます。富、拡大、法、幸運に関わる魔術のために焚きます。

🌿 JUPITER INCENSE ／木星のインセンス 2

　　フランキンセンス …………………………… 3
　　メース …………………………………………… 1
　　カルダモン ……………………………………… 1
　　バームオブギリアド ………………………… 1/2
　　細かく砕いたオークの葉 …………………… 1/4
　　細かく砕いたポムグレナート（ザクロの実）の皮 … 1/8
　　サフラン ……………………………………… ひとつまみ
　　アンバーグリス・オイル …………………… 数滴

前項と同じ。

🌿 JUPITER INCENSE ／木星のインセンス 3（要注意！）

　　クローブ ☠ ……………………………………… 1
　　ナツメグ ☠ ……………………………………… 1
　　シナモン ………………………………………… 1
　　レモンバーム ………………………………… 1/2
　　シトロンピール ……………………………… 1/2
　　（もしくは同量の乾燥したレモンピールとオレンジピール）

前々項と同じ。

🌿 KYPHI ／キフィ（古代エジプトの神秘的な香り）

　　フランキンセンス …………………………… 4
　　ベンゾイン …………………………………… 2
　　マスティックガム …………………………… 2
　　ミルラ ………………………………………… 2

シーダー	1
ガランガル または、ジンジャー	1
カラムス または、ベチバー	1/2
カルダモン	1/2
シナモン	1/2
カシア	1/2
ジュニパーベリー	1/2
オリス	1/2
サイプレス	1/2
ロータスのブーケ	数滴
ワイン	数滴
はちみつ	数滴
レーズン	7粒

　乾いた材料を細かく挽いてよく混ぜます。密閉容器に入れて2週間置きます。別のボウルでオイル、ワイン、はちみつ、レーズンを混ぜて加え、両手で混ぜます。さらに2週間そのままにします。そのあと細かい粉に挽いてもよいでしょう。キフィはエジプトの女神と神を呼び出すために夜の儀式で使用したり、魔法のための一般的なインセンスとして使います。

🌿 KYPHI／キフィ2（簡略化したレシピ）

フランキンセンス	3
ベンゾイン	2
ミルラ	2
ジュニパーベリー	1
ガランガル	1/2
シナモン	1/2
シーダー	1/2
ロータスのブーケ	2滴
ワイン	2滴

| はちみつ | 2滴 |
| レーズン | 数個 |

前項と同様に調合して焚き、使用します。

🌿 LEO INCENSE／獅子座のインセンス

マスティックガム	2
サンダルウッド	1
ジュニパーベリー	1

個人の祭壇や住宅用の浄化として使い、自身のパワーを高めます。

🌿 LIBRA INCENSE／天秤座のインセンス

サンダルウッド	2
タイム	1
ローズ・オイル	数滴

個人の祭壇や住宅用の浄化として使い、自身のパワーを高めます。

🌿 "LOCK" INCENSE／"鍵"のインセンス

フランキンセンス	3
ジュニパーベリー	2
ベチバー	1
クミン	1/2

家を泥棒から守ります。昼間、玄関の前でこのブレンドを香炉で燻し、そのあと泥棒が入りそうな家のすべての開口部（ドア、窓、地下室等）に香炉を持って移動します。目には煙が見えなくても、通り抜けられないバリアを張る様子をイメージします。家の中を時計回りに移動し、必要に応じてインセンスを足してください。できれば毎月、満月の時期に繰り返します。あるいは必要に応

インセンス（お香）

じて使用します。このインセンスは来てほしくない侵入者が家に入ってこないように「鍵」をかけるためのものです。とはいえ、戸締まりは忘れずに。

LOVE INCENSE／愛のインセンス

サンダルウッド	2
バジル	1/2
ベルガモットミント	1/2
ローズ・オイル	数滴
ラベンダー・オイル	数滴

愛を引き寄せます。すでに手にした愛を強くして、愛を与え、また受け取る能力を拡大するために焚きます。

LOVE INCENSE／愛のインセンス2

ドラゴンズブラッド	2
オリス	1
シナモン	1/2
ローズの花びら	1/2
ムスク・オイル	数滴
パチョリ・オイル	数滴

前項と同じ。

LUGHNASADH INCENSE／ルーナサ（ウイッカンの祭り）のインセンス

フランキンセンス	2
ヘザー	1
アップルブロッサム（リンゴの花）	1
ブラックベリーの葉	ひとつまみ
アンバーグリス・オイル	数滴

ルーナサ（秋の収穫祭）のインセンスは8月1日または2日のウイッカの儀式で、もしくはこの時期に、これから始まる収穫の作業と同調するために焚きます。

MABON INCENSE ／メイボン（ウイッカンの祭り）のインセンス

フランキンセンス	2
サンダルウッド	1
サイプレス	1
ジュニパー	1
パイン	1
オークモス	1/2
（またはオークモスのブーケ	数滴）
砕いたオークの葉	ひとつまみ

メイボン（秋分、9月21日）のウイッカの儀式で焚きます。あるいはこの時期に、季節の変化と同調するために焚きます。

MARS INCENSE（PLANETARY）／火星のインセンス（惑星）

ベンゾイン	4
パイン・ニードル（またはパイン樹脂）	1
ブラックペッパー	ごく少量

火星の影響を招くために、あるいは欲望、肉体的な強さ、競争、男性に関する儀式などが関わる魔術の最中に焚きます。

MARS INCENSE ／火星のインセンス 2（要注意！）

ガランガル	2
コリアンダー	1
クローブ ☠	1

インセンス（お香）

  バジル …………………………………… 1/2
  ブラックペッパー ………………………… ごく少量

前項と同じ。

🌿 MARS INCENSE／火星のインセンス3（要注意！）

  ドラゴンズブラッド ………………… 2
  カルダモン ……………………………… 1
  クローブ ☠ …………………………… 1
  グレインズオブパラダイス …………… 1

前々項と同じ。

🌿 MEDICINE WHEEL INCENSE／メディスンホイールのインセンス

  セージ …………………………………… 2
  スイートグラス ………………………… 1
  パイン樹脂またはニードル …………… 1
  オシャ・ルート（またはアンゼリカ・ルート） 1
  タバコ …………………………………… ごく少量

アメリカ先住民の神および精霊を敬う儀式で、その土地のエネルギーと同調するために焚きます。

🌿 MEDITATION INCENSE／瞑想のインセンス

  アカシア樹脂（またはアラビアガム） … 1
  サンダルウッド ………………………… 1

瞑想の前に少量焚いて、顕在意識をリラックスさせます。

MERCURY INCENSE (PLANETARY) ／水星のインセンス（惑星）

　　ベンゾイン …………………………… 2
　　メース ………………………………… 1
　　マジョラム（マヨラナ） ……………… 1/2
　　ラベンダー・オイル ………………… 数滴

　水星のパワーを呼び出すために焚きます。もしくは知性、旅行、占いなどに関わる魔法の最中に焚きます（詳しくは、PART Ⅲ の「惑星の代用」を参照）。

MERCURY INCENSE ／水星のインセンス 2

　　ベンゾイン …………………………… 2
　　フランキンセンス …………………… 1
　　メース（ナツメグの仮種皮のこと） …… 1

　前項と同じ。

MERCURY INCENSE ／水星のインセンス 3

　　サンダルウッド ……………………… 2
　　マスティックガム …………………… 1
　　ラベンダー …………………………… 1/2
　　（またはラベンダー・オイル …………… 数滴）

　前々項と同じ。

MEXICAN MAGIC INCENSE ／メキシコ魔術のインセンス

　　コーパル ……………………………… 2
　　フランキンセンス …………………… 1
　　ローズマリー ………………………… 1

　メキシコの民間魔術の儀式および魔法の最中に焚きます。

インセンス（お香）

🌿 MIDSUMMER INCENSE ／夏至のインセンス

- サンダルウッド ………………………… 2
- マグワート ……………………………… 1
- カモミール ……………………………… 1
- ガーデニアの花びら …………………… 1
- ローズ・オイル ………………………… 数滴
- ラベンダー・オイル …………………… 数滴
- ヤロウ・オイル ………………………… 数滴

夏至（6月21日）のウイッカの儀式で、もしくはこの時期に季節および太陽と同調するために焚きます。

🌿 MIDSUMMER INCENSE ／夏至のインセンス2

- フランキンセンス ……………………… 3
- ベンゾイン ……………………………… 2
- ドラゴンズブラッド …………………… 1
- タイム …………………………………… 1
- ローズマリー …………………………… 1
- バーベイン ……………………………… ひとつまみ
- 赤ワイン ………………………………… 数滴

前項と同じ。

🌿 MOON INCENSE ／月のインセンス

- フランキンセンス ……………………… 2
- サンダルウッド ………………………… 1
- ユーカリ・オイル ……………………… 数滴
- ジャスミン・オイル …………………… 数滴
- カンファートゥリー・オイル ………… 数滴

月の影響を引き寄せるために焚きます。またサイキック能力を使うあいだ、愛の魔法、ヒーリング、家庭に関わる儀式、夢の魔法の最中に焚きます。

🌿 MOON INCENSE ／月のインセンス 2

サンダルウッド	4
アロエウッド	2
ユーカリ	1
細かく挽いたキューカンバー・シード（キュウリの種）	1
マグワート	1
ラナンキュラスの花	1/2
セレニトロープ[iv]（またはガーデニアか、ジャスミン）	1
アンバーグリス・オイル	数滴

🌿 MOON INCENSE ／月のインセンス 3

ジュニパーベリー	2
オリス	1
カラムス	1
カンファートゥリーのエキス（もしくはティンクチャー）	数滴
（または本物のカンファートゥリー）	1/4
ロータスのブーケ	数滴

前々項と同じ。

🌿 MOON INCENSE ／月のインセンス 4

ミルラ	2
ガーデニアの花びら	2
ローズの花びら	1

[iv] セレニトロープの正体が何なのか、私はいまだに知りません。代わりにガーデニアかジャスミンを使ってください。

インセンス（お香）

  レモンピール ………………………… 1
  カンファートゥリー ………………… 1/2
  ジャスミン・オイル ………………… 数滴

MOONFIRE INCENSE ／燃える月のインセンス

  ローズ ………………………………… 1
  オリス ………………………………… 1
  ベイ …………………………………… 1
  ジュニパー …………………………… 1
  ドラゴンズブラッド ………………… 1
  硝酸カリウム ………………………… 1/2

　占い、恋愛、調和のために焚きます。火花を散らして燃えるように、このインセンスには硝酸カリウムを使います。硝酸カリウムは、入れすぎると爆発するため一気に加えずに少量ずつ加えましょう。

NINE WOODS INCENSE ／9種類の木・インセンス

  ローワン・ウッド（ヨーロッパナナカマド）
  （またはサンダルウッド） …………… 1
  アップル・ウッド …………………… 1
  ドッグウッド ………………………… 1
  ポプラ・ウッド ……………………… 1
  ジュニパー・ウッド ………………… 1
  シダーウッド ………………………… 1
  パイン・ウッド ……………………… 1
  ホーリーの枝 ………………………… 1
  エルダー・ウッド（またはオーク・ウッド） … 1

　儀式用の火があることが望ましいですが、火を焚くのが現実的でない場合は、それぞれの木のおが屑を混ぜて、屋内で木炭の上で燃やします。屋外でキャ

ンプファイアを焚いたときの匂いが漂います。

🌿 OFFERTORY INCENSE ／奉納のインセンス

　　　フランキンセンス　……………………… 2
　　　ミルラ　…………………………………… 1
　　　シナモン　………………………………… 1
　　　ローズの花びら　……………………… 1/2
　　　バーベイン　…………………………… 1/2

女神と神を讃えながら、捧げ物として焚きます。

🌿 OSTARA INCENSE
／オスタラ（ウイッカンの祭り）のインセンス

　　　フランキンセンス　……………………… 2
　　　ベンゾイン　……………………………… 1
　　　ドラゴンズブラッド　…………………… 1
　　　ナツメグ　……………………………… 1/2
　　　スイートバイオレットの花　………… 1/2
　　　（またはスイートバイオレット・オイル … 数滴）
　　　オレンジピール　……………………… 1/2
　　　ローズの花びら　……………………… 1/2

　オスタラ（春分、年により3月20日〜3月24日）のウイッカの儀式で焚きます。もしくは春の訪れを歓迎し、生活を一新するために焚きます。

🌿 PELE INCENSE ／ペレ ᵛ（火山の女神）のインセンス

　　　フランキンセンス　……………………… 2

ᵛ　ペレは破壊の女神として有名ですが、それだけではありません。溶岩流が海に達するたびに新しい土地を作っており、創造の女神であり、真の母なる女神でもあります。今もなおハワイで崇拝されている影響力のある女神です。

インセンス（お香）

ドラゴンズブラッド	1
レッドサンダルウッド	1
オレンジピール	1
シナモン	1
クローブ・オイル	数滴

ハワイの火山の女神、ペレを讃えます。または、ペレのパワーで自分を満たしたいときに焚きます。儀式に備えて力の補強が必要なとき、人に操られていると感じるとき、あるいは火の魔法全般のために焚きます。

PISCES INCENSE／魚座のインセンス

フランキンセンス	2
ユーカリ	1
レモンピール	1
サンダルウッド・オイル	数滴

個人の祭壇や住宅用の浄化として使い、自身のパワーを高めます。

A GENERAL PLANETARY INCENSE／惑星全般のインセンス（要注意！）

ミルラ	1
マスティックガム	1
コスタス	1
オポポナクス・オイル	1
ストラックスまたはアラビアガム	1
タイム	1
フランキンセンス	1
カンファートゥリー	1
レッドサンダルウッド	1
アロエウッド	1

PART II　手順とレシピ

　　　ユーフォルビア（またはタバコ）☠ ………………………… 1

　魔法全般に使用します。毒性のあるユーフォルビアはタバコで代用できます。すでに述べたように、ストラックスの代わりにアラビアガムが使えます。オポポナクスゴムはほとんど手に入らないため、オポポナクス・オイルを使ってください。またはアラビアガムで代用することもできます。

🌿 PROPHECY INCENSE／預言のインセンス（要注意！）

　　　フリーワート・シード ……………………… 1
　　　スイートバイオレット・ルート ………… 1
　　　パセリ ………………………………………… 1
　　　ヘンプシード（麻の実）☠ ………………… 1

　占いおよびサイキック能力を働かせる際に焚きます。

🌿 PROPHETIC DREAM INCENSE／予知夢のインセンス

　　　フランキンセンス ……………………………… 2
　　　ブッコ ……………………………………………… 1

　サイキックな意識を高め、寝ている間に未来を暗示させる夢が見られるように就寝前に焚きます。翌朝、目が覚めた時に予知夢として顕在意識がその夢を覚えていることができます。

🌿 PROSPERITY INCENSE／繁栄のインセンス

　　　フランキンセンス ……………………………… 2
　　　シナモン ………………………………………… 1
　　　ナツメグ ………………………………………… 1
　　　レモンバーム …………………………………… 1
　　　シトロン ………………………………………… 1

インセンス（お香）

富を引き寄せるために焚きます。

🌿 PROTECTION INCENSE ／防御のインセンス
　　フランキンセンス　……………………　2
　　ドラゴンズブラッド　……………………　1
　　ウッドベトニー　……………………　1/2

視覚化しているときに心と身体を守るために焚きます。

🌿 PROTECTION INCENSE ／防御のインセンス 2
　　フランキンセンス　……………………　2
　　サンダルウッド　……………………　1
　　ローズマリー　……………………　1/2

前項と同じ。

🌿 PROTECTION INCENSE ／防御のインセンス 3（要注意！）
　　フランキンセンス　……………………　1
　　ミルラ　……………………　1
　　クローブ ☠　……………………　1/2

前々項と同じ。

🌿 PROTECTION INCENSE ／防御のインセンス 4
　　フランキンセンス　……………………　2
　　クミン　……………………　1/2

🌿 PROTECTION INCENSE ／防御のインセンス 5
　　フランキンセンス　……………………　4
　　ミルラ　……………………　3

PART Ⅱ　手順とレシピ

　　ジュニパーベリー　……………………………… 2
　　ローズマリー　…………………………………… 1
　　アベンス　……………………………………… 1/2
　　マグワート　…………………………………… 1/2
　　ヤロウ　………………………………………… 1/2
　　セントジョーンズワート（セイヨウオトギリソウ）…… 1/2
　　アンゼリカ　…………………………………… 1/2
　　バジル　………………………………………… 1/2

🌿 PROTECTION INCENSE／防御のインセンス6
　　フランキンセンス　……………………… 2
　　コーパル　………………………………… 1
　　ドラゴンズブラッド　……………………… 1

🌿 PSYCHIC INCENSE／サイキック・インセンス
　　フランキンセンス　……………………… 3
　　ビストート（イブキトラノオ）　………… 1

サイキック能力を磨くために焚きます。

🌿 PSYCHIC INCENSE／サイキック・インセンス2
　　サンダルウッド　………………………………… 2
　　アカシア樹脂（またはアラビアガム）　………… 1

前項と同じ。

🌿 PSYCHIC INCENSE／サイキック・インセンス3（要注意！）
　　フランキンセンス　……………………… 1
　　サンダルウッド　………………………… 1
　　シナモン　………………………………… 1

ナツメグ ☠	…………………………	1
オレンジ・オイル	…………………………	数滴
クローブ・オイル	…………………………	数滴

🌿 PURIFICATION INCENSE／浄化のインセンス（要注意！）

フランキンセンス	…………………………	4
ベイ	…………………………	2
カンファートゥリー	…………………………	1
粒子の細かい塩	…………………………	ひとつまみ
硫黄 ☠	…………………………	ひとつまみ

家庭の不穏な雰囲気を浄化するために焚きます。窓は開け、硫黄の煙を吸わないように注意してください。どの浄化の儀式でも、そのあいだは窓を開けておくようにしましょう。

🌿 PURIFICATION INCENSE／浄化のインセンス2

| サンダルウッド | ………………………… | 2 |
| シナモン | ………………………… | 1 |

前項と同じ。硫黄は使いませんが、儀式のあいだは窓を開けておきましょう。

🌿 PURIFICATION INCENSE／浄化のインセンス3

| フランキンセンス | ………………………… | 3 |
| バーベイン | ………………………… | 1 |

前々項と同じ。

🌿 RAIN INCENSE／雨のインセンス（要注意！）

| ヘザー | ………………………… | 4 |
| ファーン | ………………………… | 1 |

ヘンベイン ☠ ……………………………… 1/2

雨を呼ぶため周囲に人家のない丘の上、または屋外で焚きます。煙を吸ってはいけません。

"RAISE THE DEAD" INCENSE ／ "死者を蘇らせる" インセンス

ペッパーワート ……………………………… 1
レッドストラックス ………………………… 1
サフラン ……………………………………… ひとつまみ
ムスク・オイル ……………………………… 数滴

故人の墓や墓地のそばで調合して焚きます。少なくとも古い文献によれば、精霊や幽霊が集まってきます。

RICHES AND FAVORS INCENSE ／富と恩恵のインセンス（要注意！）

ベンゾイン …………………………………… 2
アロエウッド ………………………………… 1
ペッパーワート ……………………………… 1/2
クローブ ☠ …………………………………… 1/2

富と恩恵が必要なときに焚きます。

SABBAT INCENSE ／サバトのインセンス（要注意！）

フランキンセンス …………………………… 4
ミルラ ………………………………………… 2
ベンゾイン …………………………………… 2
ベイ …………………………………………… 1/2
フェンネル …………………………………… 1/2
タイム ………………………………………… 1/2

インセンス（お香）

　　ペニーロイヤルミント ………………… 1/2
　　ソロモンシール ………………………… 1/2
　　ルー ☠ …………………………………… 1/4
　　ワームウッド ☠ ………………………… 1/4
　　カモミール ……………………………… 1/4
　　ローズの花びら ………………………… 1/4

ウイッカンのサバト（ウイッカ信者の魔女集会）で焚きます。

🌿 SAGITTARIUS INCENSE ／射手座のインセンス（要注意！）

　　フランキンセンス ……………………… 2
　　ミルラ …………………………………… 1
　　クローブ ☠ ……………………………… 1

個人の祭壇や住宅用の浄化として使い、自身のパワーを高めます。

🌿 SAHUMERIA AZTECA INCENSE
／サフメリア・インセンス（アステカ式のお香）

　　コーパル ………………………………… 3
　　フランキンセンス ……………………… 2
　　ローズマリー …………………………… 1
　　セージ …………………………………… 1
　　レモングラス …………………………… 1
　　ベイ ……………………………………… 1
　　カレンデュラ …………………………… 1/2
　　イエルバサンタ ………………………… 1/2

　古代アステカの儀式およびメキシコの民間魔術に使います。また一般的な浄化のインセンスとしても使います。私は10年前、ハーブ店を営む（自宅からそれほど遠くない場所にある）ラテン系の女性から、初めてこのブレンドのこと

を教わりました。のちにティファナにある「ボタニカス（ハーブと魔法用品店）」という店で売っているのを見つけました。現代のメキシコの民間魔術では有名なインセンスです。

🌿 SATURN INCENSE（PLANETARY）／土星のインセンス（惑星）（要注意！）

フランキンセンス	2
ポピーシード	2
アラビアガム	1
ミルラ	1
ヘンベイン・シード ☠	1/4
マンドレイク ☠	1/4
オリーブ・オイル	数滴

　土星の影響を招くために焚きます。また、建築物、過去世の研究、病気や害虫予防など悪習慣の追放に関する魔法にも使用します。健康に害を及ぼす可能性があります。土星のインセンスとしては、このあとの3番目のレシピがおすすめです。このレシピを活用する場合は、ヘンベインとマンドレイクをタバコ1／2で代用した方がよいでしょう。

🌿 SATURN INCENSE／土星のインセンス2（要注意！）

サイプレス	2
アッシュの葉	2
ミョウバン	1
スカモニア樹脂	1
アサフェティダ ☠	1
硫黄 ☠	1
ブラックナイトシェイド ☠	1/4

　前項と同じですがおすすめしません。ブラックナイトシェイドを除外すれ

ば、このインセンスは比較的無害ですが、かなり不快な匂いがします。

🌿 SATURN INCENSE ／土星のインセンス３

　　　サンダルウッド　……………………　２
　　　ミルラ　………………………………　２
　　　ディタニーオブクリート　…………　１
　　　サイプレス・オイル　………………　数滴
　　　パチョリ・オイル　…………………　数滴

　土星のインセンスのレシピでは、一番にこれを勧めます。４つのレシピのうちどれかを使うなら、これにするべきです。

🌿 SATURN INCENSE ／土星のインセンス４（要注意！）

　　　ペッパーワート　………………………　１
　　　マンドレイク☠　………………………　１
　　　ミルラ　…………………………………　１
　　　ムスク・オイル　………………………　数滴

🌿 SCORPIO INCENSE ／蠍座のインセンス

　　　フランキンセンス　……………………　２
　　　ガランガル　……………………………　１
　　　パイン樹脂（松ヤニ）　………………　１

　個人の祭壇や住宅用の浄化として使い、自身のパワーを高めます。

🌿 SCRYING INCENSE ／占い前のインセンス（要注意！）

　　　マグワート　……………………………　１
　　　ワームウッド☠　………………………　１

　水晶玉、火、水などを使う占いの前に少量を焚きます。あまりよい匂いでは

ありません。

🌿 SIGHT INCENSE ／視界を広げるインセンス

  マスティックガム …………………… 2
  ジュニパー …………………………… 2
  サンダルウッド ……………………… 1
  シナモン ……………………………… 1
  カラムス ……………………………… 1
  アンバーグリス・オイル …………… 数滴
  パチョリ・オイル …………………… 数滴

サイキック能力が高まるように調合し、パワーを注いで焚きます。

🌿 SPIRIT INCENSE ／精霊のインセンス（要注意！）

  コリアンダー …………………………………… 4
  スモーレッジ（またはパセリ） ……………… 1
  ヘンベイン ☠ …………………………………… 1/4
  ヘムロック（ドクニンジン）☠ ……………… 1/4

精霊を呼ぶために屋外で焚きます。これも煙を吸ってはいけません。

🌿 SPIRIT INCENSE ／精霊のインセンス2（要注意！）

  ひょろひょろしたハーブ、サガペンの根（？）
  ヘムロックの汁 ☠
  ヘンベインの汁 ☠
  マレイン（タプサス・バルバタス？：「植物名の索引」を参照）
  レッド・サンダルウッド
  ブラックポピーシード

燻らせると精霊や奇妙な形の煙霧が現れます。それらを消すには、このブレ

ンドにパセリを追加します。するとすべての精霊が追い払われ、幻はすっかり消えます（この記述は前述の「精霊のインセンス」と矛盾するようです）。500年前のこのレシピは事実上、調合するのが不可能です。正真正銘のハーブを使った昔のインセンスの例として掲載しました。古いレシピの大半は、これと同じく、調合するのが困難です。「ひょろひょろしたハーブ、サガペンの根」とは何のことか、私にはまるでわかりません。

SPIRIT INCENSE／精霊のインセンス 3

　　アニス　……………………………………… 1
　　コリアンダー　……………………………… 1
　　カルダモン　………………………………… 1

精霊に集まってもらうために焚きます。

SPIRIT INCENSE／精霊のインセンス 4

　　サンダルウッド　…………………………… 1
　　ラベンダー　………………………………… 1

魔法の儀式の最中に祭壇で焚いて、よいエネルギー（または精霊）を招きます。

SPIRIT INCENSE／精霊のインセンス 5

　　サンダルウッド　…………………………… 2
　　ウィローの樹皮　…………………………… 1

月が満ちるあいだ、夜間に屋外で焚きます。

SPIRIT INCENSE／精霊のインセンス 6

　　アロエウッド　……………………………… 3
　　コスタス（モッコウ）　…………………… 1
　　クロッカス　………………………………… 1

| アンバーグリス・オイル | ……………… | 数滴 |
| ムスク・オイル | ……………… | 数滴 |

🌿 SPIRIT INCENSE／精霊のインセンス7（要注意！）

フランキンセンス	………………	3
コリアンダー	………………	2
フェンネル・ルート	………………	1
カシア	………………	1
ヘンベイン ☠	………………	1/2

　魔法をかけられた幽霊が出る暗い森にすべての材料を運びます。古い切り株に乾燥したマレインまたはパチョリを撒きます。その上に黒いキャンドル、香炉、インセンスを置きます。キャンドルに火を灯し、インセンスを焚いて、キャンドルの火が突然消えるのを待ちます。すると周囲の暗闇に精霊が現れます。精霊を追い払うにはアサフェティダまたはフランキンセンスを焚きます。

　精霊のインセンスを7種類も紹介するのはなぜかと不思議に思われるかもしれません。これらは伝統的なインセンスとして紹介しましたが、これらのレシピを使うことはおすすめしません。

　これらは魔法のハーバリストおよび魔術師に広く伝わる幅広い伝統の一部です。PART Iの第1章「魔法について」で述べたことを繰り返せば、魔法は精霊の力を借りて行うのではありません。魔法とは、叶えたい目標を実現するために人のパワー（体内に宿るエネルギー）と大地のパワー（植物や石に宿る）の方向を定めることです。それに本当に精霊が現れたら、いったいどうしますか？

🌿 SPIRITS DEPART INCENSE／精霊と離れるためのインセンス（要注意！）

カラミント	………………	1
ピオニー（シャクヤク）	………………	1
ミント（スペアミント）	………………	1

　　　　　　　インセンス（お香）

　　　キャスタービーン ☠ ……………………… 1/4

悪霊と幻を追い払うために屋外で焚きます。このレシピを使いたい場合、キャスタービーンは毒があるので、代わりにキャスター・オイルを数滴使ってください。

🌿 **SPIRITS DEPART INCENSE ／精霊と離れるためのインセンス 2**
　　　フェンネル・シード ……………………… 2
　　　ディル・シード ……………………… 2
　　　ルー ……………………… 1/2

前項と同じ。

🌿 **STUDY INCENSE ／学業のインセンス**
　　　マスティックガム ……………………… 2
　　　ローズマリー ……………………… 1

学業のために顕在意識を強化し、集中力と記憶力を高めるために焚きます。

🌿 **SUCCESS INCENSE ／サクセス・インセンス（要注意！）**
　　　アロエウッド ……………………… 3
　　　レッドストラックス ……………………… 2
　　　ナツメグ ☠ ……………………… 1

あらゆる仕事が成功するように焚きます。レッドストラックス（ストラックスならどれも可）は入手できないので、フランキンセンスかアラビアガムで代用してください。

🌿 **SUN INCENSE ／太陽のインセンス**
　　　フランキンセンス ……………………… 3

ミルラ	2
アロエウッド	1
バームオブギリアド	1/2
ベイ	1/2
クローブピンク	1/2
アンバーグリス・オイル	数滴
ムスク・オイル	数滴
オリーブ・オイル	数滴

　太陽の影響を招き、昇進、友情、ヒーリング、エネルギー、魔力に関する魔法のために焚きます。

SUN INCENSE／太陽のインセンス2

フランキンセンス	3
サンダルウッド	2
ベイ	1
サフラン	ひとつまみ
オレンジ・オイル	数滴

　前項と同じ。

SUN INCENSE／太陽のインセンス3（要注意！）

フランキンセンス	3
ガランガル	2
ベイ	2
ミスルトー（ヤドリギ）☠	1/4
赤ワイン	数滴
はちみつ	数滴

　前々項と同じ。

インセンス（お香）

🌿 **TALISMAN CONSECRATION INCENSE**
　　／**お守りを清めるインセンス（要注意！）**
　　　ミョウバン
　　　スカモニア樹脂
　　　アサフェティダ ☠
　　　硫黄 ☠
　　　サイプレス
　　　クリスマスローズ
　　　アッシュの葉

　陶器の皿で焚いて、煙にタリスマン（お守りのこと）をかざします。このレシピを使うことは勧められないので、調合比率は記載しません。あらゆる種類のお守り（タリスマンとアミュレット）を清めるには、次の毒性のないレシピを試してみてください。

🌿 **TALISMAN CONSECRATION INCENSE**
　　／**お守りを清めるインセンス（無毒）**
　　　フランキンセンス ………………… 2
　　　サイプレス ………………………… 1
　　　アッシュの葉 ……………………… 1
　　　タバコ ……………………………… 1
　　　バレリアン（セイヨウカノコソウ） …… ひとつまみ
　　　ミョウバン ………………………… ひとつまみ
　　　アサフェティダ ☠ ………………… ひとつまみ

　このインセンスを使っても命に別状はありませんが、前述のレシピも同様に嫌な匂いがします。「神聖化のインセンス」で代用することをおすすめします。

🌿 **TAURUS INCENSE** ／**牡牛座のインセンス**
　　　サンダルウッド …………………… 2

ベンゾイン　………………………… 2
　　　ローズ・オイル　…………………… 数滴

個人の祭壇や住宅用の浄化として使い、自身のパワーを高めます。

🌿 TEMPLE INCENSE／礼拝堂のインセンス
　　　フランキンセンス　………………… 3
　　　ミルラ　……………………………… 2
　　　ラベンダー・オイル　………………… 数滴
　　　サンダルウッド・オイル　…………… 数滴

礼拝堂あるいは「魔法の部屋」で、もしくは一般的な魔法のインセンスとして焚きます。霊性を高めてくれます。

🌿 THIEF INCENSE／泥棒のインセンス（泥棒を見つける）
　　　クロッカス　…………………………… 1
　　　ミョウバン　………………………… ひとつまみ

古代エジプトではこのインセンスが火鉢に撒かれ、占い師は炭をじっと見つめました。

🌿 THOUSAND-NAMED SOLAR INCENSE
／千の名を持つ太陽のインセンス（要注意！）
　　　フランキンセンス　………………… 3
　　　クローブ ☠　………………………… 1
　　　レッドサンダルウッド　……………… 1/2
　　　サンダルウッド　……………………… 1/2
　　　オレンジの花　………………………… 1/4
　　　オリス　………………………………… 3つまみ

太陽の影響を招くために焚きます（詳しくは、PART Ⅲ「代用品」を参照）。

🌿 TRUE LOVE INCENSE ／真実の愛を呼ぶインセンス

  シナモン ……………………………… 1
  オリス ………………………………… 1
  パチョリ・オイル …………………… 数滴

愛を引き寄せるために焚きます。

🌿 UNIVERSAL INCENSE ／宇宙のインセンス

  フランキンセンス …………………… 3
  ベンゾイン …………………………… 2
  ミルラ ………………………………… 1
  サンダルウッド ……………………… 1
  ローズマリー ………………………… 1

あらゆる前向きな目的のために焚きます。このレシピをよくない魔法もしくは儀式のために利用すると、インセンスが効力を帳消しにするでしょう。

🌿 VENUS INCENSE（PLANETARY）／金星のインセンス（惑星）

  アロエウッド ………………………… 3
  赤いローズの花びら ………………… 1
  砕いた赤珊瑚（あれば） …………… ひとつまみ
  オリーブ・オイル …………………… 数滴
  ムスク・オイル ……………………… 数滴
  アンバーグリス・オイル …………… 数滴

愛、ヒーリング、協力関係、女性に関わる儀式など、金星の影響を招くためによく混ぜて焚きます。珊瑚を使うレシピは16世紀頃にさかのぼります。当時、珊瑚は強力な愛の刺激剤だと考えられていました。珊瑚は生き物の骨だと

わかった今は、使わないほうがよいでしょう。

🌿 VENUS INCENSE ／金星のインセンス 2

　　スイートバイオレット ……………………… 1
　　ローズの花びら ……………………………… 1
　　オリーブの葉 ………………………………… 1/2

前項と同じ。

🌿 VENUS INCENSE ／金星のインセンス 3

　　サンダルウッド ……………………………… 2
　　ベンゾイン …………………………………… 2
　　ローズのつぼみ ……………………………… 1
　　パチョリ・オイル ………………………… 数滴
　　ローズ・オイル …………………………… 数滴

前々項と同じ。

🌿 VIRGO INCENSE ／乙女座のインセンス

　　メース ………………………………………… 1
　　サイプレス …………………………………… 1
　　パチョリ・オイル ………………………… 数滴

個人の祭壇や住宅用の浄化として使い、自身のパワーを高めます。

🌿 VISION INCENSE ／幻覚を見るインセンス

　　フランキンセンス …………………………… 3
　　ベイ …………………………………………… 1
　　ダミアナ ……………………………………… 1/2

インセンス（お香）

サイキックな活動の前に少量焚きます。

🌿 VISION INCENSE ／幻覚を見るインセンス２（要注意！）

  カラムス ……………………………… 1
  フェンネル・ルート ………………… 1
  ポムグレナート（ザクロ）の皮 ……… 1
  レッドサンダルウッド ……………… 1
  ブラックポピーシード ……………… 1
  ヘンベイン ☠ …………………………… 1/2

前項と同じですが、おすすめしません。

🌿 WATER INCENSE（ELEMENTAL）／水のインセンス（四大元素）

  ベンゾイン ……………………………… 2
  ミルラ …………………………………… 1
  サンダルウッド ………………………… 1
  ロータスのブーケ ……………………… 数滴
  アンバーグリス・オイル ……………… 数滴

この元素の影響を引き寄せるため、またサイキック能力を高め、愛、豊穣・多産、美などを促進するために焚きます。

🌿 WEALTH INCENSE ／富のインセンス

  ナツメグ ………………………………… 1
  ペッパーワート ………………………… 1
  サフラン ………………………………… ひとつまみ

富を引き寄せるために焚きます。

🌿 WEALTH INCENSE／富のインセンス2

　　パインニードルまたはパイン樹脂 ……… 2
　　シナモン ……………………………… 1
　　ガランガル …………………………… 1
　　パチョリ・オイル …………………… 数滴

前項と同じ。

🌿 WEALTH INCENSE／富のインセンス3（要注意！）

　　フランキンセンス …………………… 2
　　シナモン ……………………………… 1
　　ナツメグ ……………………………… 1
　　クローブ ☠ …………………………… 1/2
　　ジンジャー …………………………… 1/2
　　メース ………………………………… 1/2

前々項と同じ。

🌿 YULE INCENSE／ユール[vi]（ウイッカンの祭り）のインセンス

　　フランキンセンス …………………… 2
　　パインニードルまたはパイン樹脂 ……… 2
　　シーダー ……………………………… 1
　　ジュニパーベリー …………………… 1

ユールのウイッカの儀式で調合して焚きます。もしくは冬のあいだ家を清浄にし、昼夜とも寒い季節に自然の力と同調するために焚きます。

---

vi　ユール（キリスト降誕祭、12月21日頃）のウイッカの儀式。

Oils
オイル

　魔法に精油を使うのが人気のようです。精油を使って何かの目的をコントロールするためのオイルや「私のところへ来て」と、招くエッセンスなどのブレンドが、ブードゥー風の民間魔術を操る大勢の人によって日常的に利用されています。

　これは古くから行われているしきたりとみなされることが多く、実際さまざまな形で何千年も前から使われていました。ですが、儀式のために本物および、合成の植物油が何種類も入手できるようになったのは最近のことです。

　香油は、大昔から使われてきました。香油は香りのよい植物材料をオイルや油脂の中で熱して製造されていました。植物の香りが油脂に移り、芳香を放つのです。

　自分だけの精油を作りたいと言う人は大勢います。あいにく、それは簡単ではありません。理由をいくつか挙げましょう。

　設備にかなりの投資が必要です。設備の大半は専用に用意しなければなりません。コンデンサー、分留塔、その他のあまりなじみのない装置が必要で、どれもが高価です。

　また、新鮮な植物の材料が大量に必要です。たとえば新鮮なテューブローズの花びらを100キロも用意できますか？　さらに花びらや葉や根は適切な品種のものでなければなりません。他にも最高級のローズ・オイルは原種のローズから製造されますが、原種のローズはめったに大量入手できません。

　また、作業は厳しい基準に従って慎重に進めなければなりません。たったひとつでも工程を抜かしたり、見落としたりすれば（たとえば温度が適切な数値に達していなかったりすると）質の劣る精油になってしまいます。

そのため、時間とお金の投資に見合わない結果に終わることが少なくありません。自家製のクローブピンク・オイルは、おそらくクローブピンクの香りがしないでしょう。家庭では、比較的簡単に抽出できる植物オイルは数えるほどです。それ以外は、良質の精油を買ってきてブレンドしたものを使いましょう。

オイルを買う

　数多くの会社が精油を販売しています。中には混じりけのない本物の精油（表示された品名通りの天然の植物材料から抽出したオイル）だけを扱う業者もあります。たとえば、ラベンダーから抽出したラベンダー・オイルなどのことです。一方でブレンド、合成品、あるいは本物の精油をいくつか混ぜて特定の香りを再現したブーケ（詳しくは、PART Iの第4章「材料」もしくは巻末の「用語集」を参照）を扱う業者も多数あります。大半の業者は一部合成品を使った、もしくは合成品のみのオイルを扱っていますが、そのようにラベル表示されることはまずありません。

　魔法では、混じりけのない本物の精油のみを使用するのがよいでしょう。本物の精油には植物の魔法のエネルギーが詰まっており、最も効果があります。本物は安くありませんが、少量で足りるので長持ちします。純粋な精油の品数を揃えるにはお金がかかりますが、良質なオイルを作るには必要不可欠です。

　私は何年も合成品を使ってきました。中には効果のあるものもありますが、本物の精油と比べてアロマとパワーが希薄です。メーカーはよく合成の香料でさえも「精油」というラベルを貼るので、だまされないようにしましょう。本物の精油を扱う通販業者もしくは小売店で購入することが最も確実な方法です。

　今後も合成オイルを使い続ける読者もいらっしゃるでしょう。ですが私の解説を読んで、真の自然な魔法の世界へと大きな一歩を踏み出す方が少しでもいれば、うれしく思います。

　精油の形で入手できない香り（テューブローズ、スイートピー等）は、PART Iの第4章「材料」にある本物の精油からブレンドできるブーケのレシピを参照して、ロータスなどを代わりに使用してください。

オイルをブレンドする

オイルをブレンドして混ぜる作業に秘訣はありません。基本の手順は次の通りです。
- レシピで使う精油（または、ブーケ）を用意します。
- 殺菌処理した清潔な広口ガラス瓶に、次のキャリアオイル（植物油）のいずれかを１／８カップ入れます。

キャリアオイルの一例	
サフラワー（ベニバナ）	ホホバ
サンフラワー（ヒマワリ）	アーモンド
ココナッツ	ヘーゼルナッツ
アプリコットカーネル	グレープシード

私はホホバが最適であることに気づきました。オイルではなく液状のロウなので、匂いが劣化せずに長期間保存ができるからです。

ブレンドの仕方

- スポイト、もしくは本物の精油のボトルにたいてい使われているドロップディスペンサーを使って、このあとのレシピで推奨する調合比率で精油を加えます。
- キャリアオイルに精油を垂らします。かき混ぜてはいけません。オイルを時計回りにそっと回転させます。
- 最後にすべてのオイルを密閉できる不透明、または濃い色のガラス瓶に入れます。高温や光、湿気を避けて（浴室以外の場所に）保存します。ラベルを貼って、いつでも使えるようにしておきましょう。

一例として

「すぐにお金が入ってくるハーブオイル」を作ってみましょう。

🌿 すぐにお金が入ってくるハーブオイル

　　パチョリ　……………………………… 7滴
　　シダーウッド　………………………… 5滴
　　ベチバー　……………………………… 4滴
　　ジンジャー　…………………………… 2滴

　魔法の目的達成にある、お金をイメージしながら、キャリアオイルとして選んだホホバ・オイル１／８カップを殺菌したガラス瓶に入れます。目の前のテーブルにはパチョリ、シダーウッド、ベチバー、ジンジャーの精油の瓶があります（合成品ではなく、本物を用意しましょう）。

　改めて、お金をイメージします。ホホバにパチョリを７滴加え、キャリアオイルと混ざるようにそっと回します。匂いを嗅いでみましょう。パチョリの香りで純粋なホホバ・オイルのほのかな香りは消えます。

　シダーウッドを５滴加えて回し、匂いを嗅ぎます。香りが複雑になっていきます。

　次にベチバーの精油を４滴加えます。イメージしながら回して、匂いを嗅ぎます。３種類の香りとエネルギーが混ざるにつれて、調合中のオイルのアロマが深まります。

　最後にジンジャーの精油を足します。酔いそうな強い香りなので２滴で充分です。また混ぜて匂いを嗅ぎ、お金をイメージします。パワーを注入する儀式を手短に終えたら、魔法の「すぐにお金が入ってくるハーブオイル」はいつでも使えます。

　感情を刺激する豊かな香りです。イメージしながら使用すると、お金の流れをよくする効果があります。

　合成品でも同じものが作れるでしょうか？　もちろん作れますが、効果はないでしょう。

オイルを使用する

　魔法で使うオイルの用途は無数にあります。オイルを使うときは必ず目的を

明確にし、パワーを注ぐことを忘れないでください。

　オイルの用途で最も多いのは、儀式で灯すキャンドルに塗るという使い方です。使用するオイルのタイプとキャンドルの色は魔法の目的によって決まります。オイルのパワーが、キャンドルの色および炎のパワーと混ざり合います。このすべてのエネルギーが魔術師のパワーによって強化され、イメージを明確にすることで目的達成への道は速度を上げていきます。

　オイルは、体内に宿るエネルギーを呼び出すために身体に塗ることもあります。「愛のハーブオイル」を手首、首、心臓の周りに塗ると、愛を引き寄せるエネルギーが魔術師に注がれます。「勇気の出るハーブオイル」は同様に、逆境においても前に進む強さを魔術師に与えます。

　お湯にオイルを数滴垂らせば、バスタイムを儀式に変えられます。お湯に浸かって香りを吸い込むと、魔術師はオイルのエネルギーを体内にとり込むことができます。

　お守りのタリスマンやアミュレット（チャームあるいは、サシェも同様）に適切な調合をしたオイルを数滴塗ってもよいでしょう。もちろん具体的な目的を念頭において行います。

　水晶などの石にオイルを塗って、魔法や儀式で石のエネルギーを高めることもできます。そのあとで具体的な目的を実現するために石を身につけたり、携帯したり、神秘的な形に並べたりします。

　この他、儀式で使うオイルの用途は、実際に使ってみれば明らかになるでしょう。

本物の精油とブーケのガイド

　最もよく使われる精油とブーケの魔法の特性を以下に記します（合成品は使わないようにしてください）。精油は先ほど挙げた目的で単独でも使えますが、本物の精油は皮膚に塗る前に以下の方法で希釈してください。

精油を希釈する

　一般に、ホホバなどのキャリアオイル１／８カップに精油を５〜７滴使いま

す。これで精油は薄まり、皮膚への刺激はなくなりますが、香りは残ります。
　本物の精油のうち皮膚への刺激が強いものは、本項のいずれのレシピにもほとんど含めませんでした。

APRICOT OIL／アプリコット・オイル
アプリコットカーネル（アプリコットの種子）から絞ったオイルで、催淫作用があります。精油をブレンドする際のベースとして使いますが、アプリコットの香りはありません。

BASIL／バジル（メボウキ）
バジルの香りは対人関係で同情心を引き起こすので、重大な衝突を避けるために身につけます。バジルの精油は幸福と心の平安を促し、顕在意識を刺激するブレンドに有益です。「お金を引き寄せるハーブオイル」にも適しています。昔、スペインでは売春婦が客を引き寄せるためにバジルを身につけていました。引き寄せの効果を知っていたのかもしれません。

BENZOIN／ベンゾイン（安息香）
天然のバニラに似たふくよかな香りがある濃厚な精油です。薄めて身体に塗り、あなたのパワーを高めてください。顕在意識を目覚めさせる効果もあります。

BERGAMOT MINT BOUQUET／ベルガモットミントのブーケ
お金と防御の儀式に使います。この目的で、希釈したブーケを風呂の湯に入れます。

BLACK PEPPER／ブラックペッパー
防御および勇気を高めるために使います。鼻につんとくる甘い香りで、希釈したとしても、これだけ身につけるよりはブレンドに加えるほうがよいでしょう。

オイル

CAMOMILE／カモミール
フルーティでふくよかな香り。瞑想する際、また平安をもたらすために、精油を控えめに使います。高価ですが、それに見合う価値はあります。

CAMPHOR／カンファートゥリー
涼しげな香りの精油で、浄化および禁欲（独身）生活を奨励するのに適しています。

CARDAMOM／カルダモン（ショウズク）
スパイシーなかぐわしい香りの精油で、愛と性に関わるレシピにエネルギーを与えます。

CEDARWOOD／シダーウッド
ウッディな香り。そのエネルギーは霊性を高めるのに有益です。

CINNAMON／シナモン・オイル
本物のシナモン・オイルは皮膚に刺激があります。お金を引き寄せ、サイキック能力を高めるブレンドに控えめに使います。使用する分量は、1滴で充分です。

CLOVE OIL／クローブ・オイル
これも皮膚に刺激があります。キャリアオイル1／8カップに1滴垂らします。勇気と防御のブレンドに効果があります。

CORIANDER／コリアンダー
愛とヒーリングのブレンドに使うと効果があります。

CYPRESS／サイプレス
祝福、神聖化、防御の精油です。独特の香りはヒーリングを促進し、あらゆる種類の喪失の痛みを和らげます。

EUCALYPTUS／ユーカリ

おそらく究極のヒーリング・オイルです。あらゆるヒーリングのブレンドに加えます。風邪の症状を和らげるために（希釈せずに）身体に塗ります。浄化のブレンドにも使用します。

FRANKINCENSE／フランキンセンス（乳香）

とても豊かな香りで、霊性を高め、瞑想状態を深めるのに有益です。皮膚に塗る場合はきちんと薄めてください。刺激があるかもしれません。

GERANIUM, ROSE／ローズゼラニウム

この精油は通常「ゼラニウム」の名前で売られており、強力な防御効果があります。希釈して身につけるか、幸福のブレンドに加えます。

GINGER／ジンジャー

非常にスパイシーな香りです。この精油は性、愛、勇気、お金を引き寄せるブレンドに効果があります。

GRAPEFRUIT／グレープフルーツ

強力な浄化の作用があり、浄化の香りに加えます。

JASMINE／ジャスミン

月および夜の神秘の象徴。ジャスミンの精油（またはアブソリュート）は、すばらしく感覚を研ぎ澄ます力のあるアロマです。かなり高価ですが、愛、サイキック能力、心の平安、霊性を高めるブレンドに1滴垂らせば充分です。性に関わる事柄にも効果があります（合成のジャスミンは避けましょう）。

JUNIPER／ジュニパー

樹脂の香りのこの精油は防御、浄化、ヒーリングのブレンドに有益です。

LAVENDER／ラベンダー
すがすがしく元気の出るこの精油は、健康、愛、平安、顕在意識に関するレシピに使います。

LEMON／レモン
月のオイルに使用します。満月のあいだに、月のエネルギーと同調するために希釈して身につけます。浄化とヒーリングのオイルに使用します。

LEMONGRASS／レモングラス
サイキック能力を強化します。浄化のブレンドにも有効です。

LEMON VERBENA／レモンバーベナ
よく「バーベナ」と表示して売られています。このふくよかなレモンの香りの精油は、愛のブレンドに入れるとすばらしい効果を発揮します。

LIME／ライム
さわやかな香り。浄化と防御に効果があります。

LOTUS BOUQUET／ロータスのブーケ
希釈したブーケを霊性、ヒーリング、瞑想状態を促進するレシピに加えます。

MAGNOLIA BOUQUET／マグノリアのブーケ
瞑想とサイキック能力に関わるオイルおよび愛のブレンドに加えると効果的です。

MYRRH／ミルラ（没薬）
霊性を高め、瞑想状態を深めるブレンドに加えるとよいでしょう。ヒーリングのブレンドにもよく使われます。

NEROLI／ネロリ
オレンジの花の精油としても知られています。ふくよかな柑橘系の香りを放つネロリの精油はかなり高価ですが、幸福と浄化のブレンドに1滴足せばすばらしい効果を発揮します。

NEW-MOWN HAY BOUQUET／ニューモウンヘイのブーケ
変容を促すオイル、特に悪い習慣や依存症を断つためのオイルに数滴加えます。春には、このブーケを希釈して身体に塗り、新しい季節の到来を歓迎すると効果的です。

NIAOULI／ニアウリ
かなり珍しい香りのニアウリの精油は、防御のレシピに最適です。

OAKMOSS BOUQUET／オークモスのブーケ
お金を引き寄せるために使います。希釈して身につけるか、これから使うお金にすり込みます。

ORANGE／オレンジ
太陽の香りが強いオレンジの精油は、浄化のブレンドに加えます。

PALMAROSA／パルマローザ
この独特の精油は、柑橘系とローズを合わせたような香りです。愛とヒーリングに有効です。

PATCHOULY／パチョリ
お金、セックス、身体エネルギーを高めるブレンドに有効です。また希釈して、これらの目的で身につけます。

PEPPERMINT／ペパーミント
なじみのあるこの香りは浄化に使用するのに優れています。

PETITGRAIN／プチグレン
防御のための、ビターオレンジの香りです。この精油は防御のブレンドに効果があります。

PINE／パイン
パインの樹脂特有の香りは一般に浄化、防御、お金、ヒーリングのレシピに使います。

ROSE／ローズ（バラ）
広く認められている愛の香りです。本物のローズの精油（ローズ・オットーの名で有名）およびローズ・アブソリュート（タイプが異なる）は高価ですが、ジャスミンと同様、1滴で強い香りを放ちます。ローズの精油の効果はさまざまです。愛を引き寄せ、心の平安をもたらし、性欲を刺激し、美しさを高めるレシピに使用します（合成品には注意しましょう）。

ROSEMARY／ローズマリー
料理用のハーブとしてよく知られたアロマです。愛とヒーリングのブレンドに使います。

SANDALWOOD／サンダルウッド
古くからあるこの聖なる香りは霊性、瞑想、セックス、ヒーリングのレシピに使用します。または希釈して、あなたの内側にこれらの影響をもたらすために身につけます。

SWEET PEA BOUQUET／スイートピーのブーケ
キャリアオイルで希釈して、新しい友を招き、愛を引き寄せるために身につけます。またそのようなブレンドにも使用します。

TANGERINE／タンジェリン
太陽のパワーが注がれたエネルギーの香り。パワーと強さを手に入れるブレン

ドに精油を加えてください。

TONKA BOUQUET／トンカのブーケ
ぬくもりのあるバニラのような香りは、お金を引き寄せるレシピに使うとよいでしょう。

TUBEROSE BOUQUET／テューブローズのブーケ
リラックス効果が高く、心の平安をもたらすブレンドに使われます。またこの香りは愛を誘います。

VETIVERT／ベチバー
お金を引き寄せる。そのためのブレンドに加えるか、希釈して身につけます。これから使うお金にすり込みます。

YARROW／ヤロウ（セイヨウノコギリソウ）
大地の恵み、本物の宝物のひとつ。ヤロウの精油は、色が本来青く、すばらしい香りを放ちます。愛、勇気、サイキック能力向上のブレンドに少量（高価なので）加えます。

YLANG-YLANG／イランイラン
この精油のトロピカルでふくよかな香りは愛、心の平安、セックスに有効です。身につけるか、そのようなブレンドに加えます。

レシピ

　ここに示した調合比率は提案にすぎません。比率を変える場合は、一般的にリストの最初の材料が主要な香りとなることを覚えておいてください。そのあとの材料は順に量を減らしていきます。

次のことを忘れないでください。
- レシピにある精油をキャリアオイル１／８カップに加えてください。
- 精油を混ぜ、香りを嗅ぐときに目的を明確にイメージしましょう。
- 最良の結果を出すために、合成品は使わないようにしましょう。

AIR OIL（ELEMENTAL）／風のハーブオイル（四大元素）

　　ラベンダー ………………………… 5 滴
　　サンダルウッド …………………… 3 滴
　　ネロリ ……………………………… 1 滴

旅行の際に身につけて、風のパワーを呼び出し、明晰な思考を促します。あるいは依存症を克服するために身につけます（詳しくは、PART Ⅲ の「四大元素の代用」を参照）。

ALTAR OIL／祭壇のハーブオイル

　　フランキンセンス ………………… 4 滴
　　ミルラ ……………………………… 2 滴
　　シーダー …………………………… 1 滴

このオイルを定期的に祭壇に塗ります。そのときあなたの神（々）の名を呼んで、祭壇を見守ってもらいましょう。

ANOINTING OIL／塗布用のハーブオイル

　　サンダルウッド …………………… 5 滴
　　シダーウッド ……………………… 3 滴
　　オレンジ …………………………… 1 滴
　　レモン ……………………………… 1 滴

儀式で塗布する一般的なオイルとして使います。

ANOINTING OIL ／塗布用のハーブオイル２

　　　ミルラ ……………………………………… 5滴
　　　シナモン ……………………………………… 2滴

前項と同じ。

APHRODITE OIL ／アフロディテのハーブオイル

　　　サイプレス ……………………………………… 5滴
　　　シナモン ……………………………………… 2滴
　　　オリス・ルート（乾燥） ……………… 小片

本物の精油とオリスルートをオリーブ・オイルのベースに加えます。身体に塗って、人生に愛を招きます。

AQUARIUS OIL ／水瓶座のハーブオイル

　　　ラベンダー ……………………………………… 5滴
　　　サイプレス ……………………………………… 1滴
　　　パチョリ ……………………………………… 1滴

自分のオイルとして身につけ、あなたのパワーを高めます。

ARIES OIL ／牡羊座のハーブオイル

　　　フランキンセンス ……………………………… 3滴
　　　ジンジャー ……………………………………… 1滴
　　　ブラックペッパー ……………………………… 1滴
　　　プチグレン ……………………………………… 1滴

自分のオイルとして身につけ、あなたのパワーを高めます。

ASTRAL TRAVEL OIL ／アストラル投射（幽体離脱）のハーブオイル

 サンダルウッド ……………………………… 5滴
 イランイラン ………………………………… 1滴
 シナモン ……………………………………… 1滴

通常通り、これらの精油をキャリアオイルに加えて混ぜます。お腹、手首、首の後ろ、額に塗ります（精油は必ずキャリアオイルで希釈してください）。横になり、あなたがアストラル投射（幽体離脱）をした様子をイメージします（詳しくは、巻末の「用語集」を参照）。

BUSINESS SUCCESS OIL ／ビジネス成功のハーブオイル

 ベルガモットミントのブーケ …………… 3
 バジル ………………………………………… 1
 パチョリ ……………………………………… 1
 細かく挽いたシナモン …………………… ひとつまみ

キャリアオイルに精油を混ぜて、細かく挽いたシナモンひとつまみを加えます。手、キャッシュレジスター、名刺、あるいは事業を営んでいる場所の正面ドアに塗って、お金の流れをよくします。

CANCER OIL（MOONCHILDREN）／蟹座のハーブオイル

 パルマローザ ………………………………… 4滴
 カモミール …………………………………… 1滴
 ヤロウ ………………………………………… 1滴

自分のオイルとして身につけ、あなたのパワーを高めます。

CAPRICORN OIL ／山羊座のハーブオイル

 ベチバー ……………………………………… 3滴

サイプレス ………………………… 2滴
パチョリ …………………………… 1滴

自分のオイルとして身につけ、あなたのパワーを高めます。

CITRUS PURIFICATION OIL／柑橘系の浄化ハーブオイル

オレンジ …………………………… 3滴
レモングラス ……………………… 2滴
レモン ……………………………… 2滴
ライム ……………………………… 1滴

白いキャンドルに塗り、屋内で焚いて家を浄化します。

COME AND SEE ME OIL／引き寄せのハーブオイル

パチョリ …………………………… 5滴
シナモン …………………………… 1滴

理想の相手を引き寄せるために、これらの精油をキャリアオイルとして選んだオリーブ・オイルに混ぜ、男女どちらかふさわしい性別の人の形をかたどった白いキャンドルに塗ります。イメージしながら燃やしましょう。

COURAGE OIL／勇気のハーブオイル

ジンジャー ………………………… 3滴
ブラックペッパー ………………… 1滴
クローブ …………………………… 1滴

人に紹介してもらう前、人前で話す前など、絶対に失敗できない状況で勇気を出すために身につけます。

🌿 DEMETER OIL ／デメテル（豊穣の女神）のハーブオイル

　　　ミルラ ……………………………… 3滴
　　　ベチバー ……………………………… 2滴
　　　オークモスのブーケ ……………………… 1滴

　デメテルは、ギリシャ神話に登場する豊穣の女神です。お金を引き寄せるため、また防御と夢を成就させるために塗ります。ハーブや植物を植え、世話をし、収穫するなどの作業をするときに身につけると豊作が約束されます。大地のエネルギーと同調するのを助けます。

🌿 EARTH OIL (ELEMENTAL) ／土のハーブオイル（四大元素）

　　　パチョリ ……………………………… 4滴
　　　サイプレス ……………………………… 4滴

　土のパワーを呼び出し、お金、繁栄、豊かさ、安定、たしかな基礎をもたらすために身につけます（詳しくは、PART Ⅲの「四大元素の代用」を参照）。

🌿 ENERGY OIL ／エネルギーのハーブオイル

　　　オレンジ ……………………………… 4滴
　　　ライム ……………………………… 2滴
　　　カルダモン ……………………………… 1滴

　体力を消耗していると感じるとき、体調がよくないとき。あるいはエネルギーの蓄えを増強したいときに身につけます。特に負荷が大きい魔法の儀式後に身体のバッテリーを充填する効果があります。

🌿 FAST MONEY OIL ／お金がすぐに入ってくるハーブオイル

　　　パチョリ ……………………………… 7滴
　　　シダーウッド ……………………………… 5滴
　　　ベチバー ……………………………… 4滴

ジンジャー ……………………………… 2滴

身につけたり、手にすり込んだり、緑のキャンドルに塗ることでお金をもたらします。また使ったお金が戻ってくるように、これから使うお金に塗ります。

🌿 FAST MONEY OIL／お金がすぐに入ってくるハーブオイル2

バジル ……………………………… 4滴
ジンジャー ……………………………… 2滴
トンカのブーケ ……………………………… 1滴

前項と同じ。

🌿 FIRE OIL（ELEMENTAL）／火のハーブオイル（四大元素）

ジンジャー ……………………………… 3滴
ローズマリー ……………………………… 2滴
クローブ ……………………………… 1滴
プチグレン ……………………………… 1滴

エネルギー、勇気、強さ、愛、情熱といった火のパワーを呼び出すために身につけます。

🌿 GEMINI OIL／双子座のハーブオイル

ラベンダー ……………………………… 4滴
ペパーミント ……………………………… 1滴
レモングラス ……………………………… 1滴
スイートピーのブーケ ……………………………… 1滴

自分のオイルとして身につけ、あなたのパワーを高めます。

HEALING OIL ／ヒーリングのハーブオイル

  ローズマリー ………………………… 4滴
  ジュニパー …………………………… 2滴
  サンダルウッド ……………………… 1滴

ヒーリングを促すために身につけます。

HEALING OIL ／ヒーリングのハーブオイル2

  ユーカリ ……………………………… 3滴
  ニアウリ ……………………………… 1滴
  パルマローザ ………………………… 1滴
  スペアミント ………………………… 1滴

前項と同じ。

HECATE OIL ／ヘカテー（月の女神）のハーブオイル

  ミルラ ………………………………… 3滴
  サイプレス …………………………… 2滴
  パチョリ ……………………………… 1滴
  乾燥したミントの葉 ………………… 1枚

精油をキャリアオイルとして選んだセサミ・オイル（ゴマ油）に混ぜます。そこに乾燥したミントの葉を加えます。防御の魔法では、儀式のあいだ身につけます。また欠ける月の女神、ヘカテーを讃えて、月が欠けていくあいだ身につけます。

INITIATION OIL ／イニシエーション（通過儀礼）のハーブオイル

  フランキンセンス …………………… 3滴
  ミルラ ………………………………… 3滴
  サンダルウッド ……………………… 1滴

神秘的なイニシエーションの儀式に使用します。またスピリチュアルな覚醒を深めるためにも身につけます。

🌿 INTERVIEW OIL ／インタビューのハーブオイル

  イランイラン ………………………… 4滴
  ラベンダー ………………………… 3滴
  ローズ ……………………………… 1滴

あらゆる種類のインタビューをする際に身につけて気持ちを静めます。相手に好印象を与えるのに役立ちます。

🌿 JUPITER OIL（PLANETARY）／木星のハーブオイル（惑星）

  オークモスのブーケ ……………… 3滴
  クローブ …………………………… 1滴
  トンカのブーケ …………………… 1滴

富、繁栄、法的な問題の解決といった木星の影響を招くために身につけます。

🌿 LEO OIL ／獅子座のハーブオイル

  プチグレン ………………………… 3滴
  オレンジ …………………………… 1滴
  ライム ……………………………… 1滴

自分のオイルとして身につけ、あなたのパワーを高めます。

🌿 LIBRA OIL ／天秤座のハーブオイル

  ローズゼラニウム ………………… 4滴
  イランイラン ……………………… 2滴
  パルマローザ ……………………… 2滴
  （ローズの香料もしくはローズの精油 … 1滴）

カルダモン ……………………………… 1滴

自分のオイルとして身につけ、あなたのパワーを高めます。

🌿 LOVE OIL ／愛のハーブオイル

パルマローザ ……………………………… 7滴
イランイラン ……………………………… 5滴
ジンジャー ………………………………… 1滴
ローズマリー ……………………………… 2滴
カルダモン ………………………………… 1滴

愛を引き寄せるために身につけます。ピンクのキャンドルに塗り、火を灯してイメージします。

🌿 LUNAR OIL ／月のハーブオイル

サンダルウッド …………………………… 4
カンファートゥリー ……………………… 2
レモン ……………………………………… 1

内なる女神を呼び覚ますために身につけます。

🌿 MARS OIL（PLANETARY）／火星のハーブオイル（惑星）

ジンジャー ………………………………… 2滴
バジル ……………………………………… 2滴
ブラックペッパー ………………………… 1滴

身体的パワー、欲望、魔法のエネルギーなど、火星の影響を招くために身につけます。

🌿 MERCURY OIL（PLANETARY）／水星のハーブオイル（惑星）

　　ラベンダー ………………………………… 4滴
　　ユーカリ …………………………………… 2滴
　　ペパーミント ……………………………… 1滴

コミュニケーション、知性、旅行など、水星の影響を招くために身につけます。

🌿 MOON OIL／月のハーブオイル

　　ジャスミン ………………………………… 1滴
　　サンダルウッド …………………………… 1滴

サイキックな夢を誘う、ヒーリングを促す、睡眠を助ける、豊穣・多産を叶える、その他あらゆる月の影響を招くために身につけます。また満月のときに身につけて、満月の波動と同調します。

🌿 PAN OIL／パン（牧神）のハーブオイル

　　パチョリ …………………………………… 3滴
　　ジュニパー ………………………………… 2滴
　　パイン ……………………………………… 1滴
　　オークモスのブーケ ……………………… 1滴
　　シダーウッド ……………………………… 1滴

ギリシャ神話、"パン"の気が満ちるように身につけます。魔法や儀式で踊り、楽器の演奏、歌唱などに最適です。また大地と同調するために身につけます。

🌿 PEACE OIL／平常心、鎮魂のハーブオイル

　　イランイラン ……………………………… 3滴
　　ラベンダー ………………………………… 3滴
　　カモミール ………………………………… 2滴
　　ローズの香料もしくはローズの精油 ………… 1滴

気が立っているときや動揺したときに身につけて、気持ちを静めます。鏡の前に立ち、自分の目を見ながら身体に塗ります。

PISCES OIL ／魚座のハーブオイル
イランイラン ……………………………… 3滴
サンダルウッド ……………………………… 3滴
ジャスミン ……………………………… 1滴

自分のオイルとして身につけ、あなたのパワーを高めます。

POWER OIL ／パワーのハーブオイル
オレンジ ……………………………… 4滴
ジンジャー ……………………………… 1滴
パイン ……………………………… 1滴

強力な儀式に際して、自分をパワーで満たすために塗ります。

PROTECTION OIL ／防御のハーブオイル
プチグレン ……………………………… 5滴
ブラックペッパー ……………………………… 5滴

あらゆる種類の攻撃への防御のために身につけます。また家の窓やドア、その他の場所に塗って、家を守ります。

PROTECTION OIL ／防御のハーブオイル2
バジル ……………………………… 4滴
センテッドゼラニウム ……………………………… 3滴
パイン ……………………………… 2滴
ベチバー ……………………………… 1滴

前項と同じ。

🌿 PSYCHIC OIL ／サイキック・ハーブオイル
　　レモングラス　……………………………… 5滴
　　ヤロウ　……………………………………… 1滴

　特にルーンストーン、水晶玉などの道具を使うときに、サイキック能力を高めるため身につけます。

🌿 PURIFICATION OIL ／浄化のハーブオイル
　　フランキンセンス　………………………… 4滴
　　ミルラ　……………………………………… 3滴
　　サンダルウッド　…………………………… 1滴

　浴槽に入れるか身につけて、負の要素を排除します。

🌿 PURIFICATION OIL ／浄化のハーブオイル 2
　　ユーカリ　…………………………………… 4滴
　　カンファートゥリー　……………………… 2滴
　　レモン　……………………………………… 1滴

前項と同じ。

🌿 SABBAT OIL ／サバトのハーブオイル
　　フランキンセンス　………………………… 3滴
　　ミルラ　……………………………………… 2滴
　　サンダルウッド　…………………………… 2滴
　　オレンジ　…………………………………… 1滴
　　レモン　……………………………………… 1滴

キャリアオイルとして選んだオリーブ・オイルに混ぜて、ウイッカンのサバトで身につけます。

🌿 SABBAT OIL／サバトのハーブオイル 2

　　パイン ……………………………… 2滴
　　ジンジャー ………………………… 1滴
　　シナモン …………………………… 1滴
　　サンダルウッド …………………… 1滴

前項と同じ。キャリアオイルのいずれかに加えます。

🌿 SABBAT OIL／サバトのハーブオイル 3

　　フランキンセンス（粉末） ……… ティースプーン 1 杯
　　ミルラ（粉末） …………………… ティースプーン 1 杯
　　ベンゾイン（粉末） ……………… ティースプーン 1 杯

キャリアオイルとして選んだオリーブ・オイル 1／4 カップに混ぜます。ゴムがオイルに溶けるまで弱火でゆっくり加熱します。冷まして、ウイッカンのサバトで、あらゆるオイルと同じように控えめに使います。

🌿 SACRED OIL／神聖なハーブオイル

　　フランキンセンス ………………… 3滴
　　サンダルウッド …………………… 2滴
　　シナモン …………………………… 1滴

宗教行事の前に身体に塗り、霊性を高めます。また神秘的で宗教的な集団による儀式の最中に他者へ塗ります。

🌿 SAGITTARIUS OIL／射手座のハーブオイル

　　ローズマリー ……………………… 4滴

オークモスのブーケ ……………………… 2滴
クローブ ……………………………………… 1滴

自分のオイルとして身につけ、あなたのパワーを高めます。

🌿 SATURN OIL（PLANETARY）／土星のハーブオイル（惑星）

サイプレス …………………………………… 4滴
パチョリ ……………………………………… 2滴
ミルラ ………………………………………… 1滴

悪習慣を断つために新しい家を探すときや、あなたのオーラを変えたいとき、掘り出し物を見つけにいくときなどに焚きます。あるいは土星に関するあらゆる儀式で身につけます。

🌿 SCORPIO OIL／蠍座のハーブオイル

パイン ………………………………………… 3滴
カルダモン …………………………………… 2滴
ブラックペッパー …………………………… 1滴

自分のオイルとして身につけ、あなたのパワーを高めます。

🌿 SEXUAL ENERGY OIL／美魔女のハーブオイル

ジンジャー …………………………………… 2滴
パチョリ ……………………………………… 2滴
カルダモン …………………………………… 1滴
サンダルウッド ……………………………… 1滴

性的なパートナーを引き寄せるために身につけます。くれぐれも安全なセックスを！

🌿 SLEEP OIL ／睡眠のハーブオイル

　　　ローズ　……………………………………　2滴
　　　メース　……………………………………　1滴

　こめかみ、首、両手首の脈打っている場所、足の甲に塗ります。自然な睡眠をもたらします。

🌿 SLEEP OIL（DELUXE）／睡眠のハーブオイル（デラックス）

　　　ローズ　……………………………………　2滴
　　　ジャスミン　………………………………　1滴
　　　カモミール　………………………………　1滴

　前項と同様に使用します。

🌿 SUN OIL ／太陽のハーブオイル

　　　フランキンセンス　………………………　4滴
　　　シナモン　…………………………………　2滴
　　　プチグレン　………………………………　1滴
　　　ローズマリー　……………………………　1滴

　ヒーリング、活力、強さ、昇進など、あらゆる太陽の影響を招くために使用します。

🌿 SUN OIL ／太陽のハーブオイル2

　　　シナモン（粉状に挽く）　……………　ティースプーン1杯
　　　ジュニパーベリー（つぶす）　………　ティースプーン1杯
　　　ベイリーフ（手で崩す）　………………　1枚
　　　本物のサフラン　……………………………　ごく少量

　キャリアオイル1／4カップに入れて、弱火でゆっくり加熱します。漉して、

前項と同じ目的に使用します。

🌿 TAURUS OIL ／牡牛座のハーブオイル
　　オークモスのブーケ ……………………… 4滴
　　カルダモン ………………………………… 2滴
　　イランイラン ……………………………… 1滴

自分のオイルとして身につけ、あなたのパワーを高めます。

🌿 TEMPLE OIL ／礼拝堂のハーブオイル
　　フランキンセンス ………………………… 4滴
　　ローズマリー ……………………………… 2滴
　　ベイ ………………………………………… 1滴
　　サンダルウッド …………………………… 1滴

霊性を高めるための宗教儀式、たとえば「礼拝堂での仕事」などの最中に身につけます。

🌿 VENUS OIL（PLANETARY）／金星のハーブオイル（惑星）
　　イランイラン ……………………………… 3滴
　　センテッドゼラニウム …………………… 2滴
　　カルダモン ………………………………… 1滴
　　カモミール ………………………………… 1滴

愛と友情を引き寄せる、美しさを高めるなど、金星の影響を招くために身につけます。

🌿 VIRGO OIL ／乙女座のハーブオイル
　　オークモスのブーケ ……………………… 4滴
　　パチョリ …………………………………… 2滴

オイル

  サイプレス　………………………… 1滴

自分のオイルとして身につけ、あなたのパワーを高めます。

🌿 VISIONS OIL／幻覚のハーブオイル
  レモングラス　……………………… 4滴
  ベイ　………………………………… 2滴
  ナツメグ　…………………………… 1滴

額に塗ってサイキック能力を引き出します。

🌿 WATER OIL（ELEMENTAL）／水のハーブオイル（四大元素）
  パルマローザ　……………………… 3滴
  イランイラン　……………………… 2滴
  ジャスミン　………………………… 1滴

愛、ヒーリング、サイキック能力、浄化などを促進するために身につけます。

🌿 WEALTH OIL／富のハーブオイル
  トンカのブーケ　…………………… 4滴
  ベチバー　…………………………… 1滴

あらゆる形の富を引き寄せるために身につけます。またキャンドルに塗り、火を灯してイメージします。

補足として

 初版をお読みになった方は、本書のオイルのレシピにいくつも変更が加わっていることにお気づきでしょう。この改訂版ではほとんどのレシピを変更して、本物の精油といくつかのブーケだけを使うようにしました。

PART II　手順とレシピ

　民間魔術を操る人は、常に道具に投資しなければなりません。そのうちの３つが水晶玉とキャンドル、そしてハーブです。本物の精油は高い投資となりますが、満足できる民間魔術を行うには必要な投資です。

Ointments
オイントメント（軟膏）

　魔女の軟膏というと、魔術や魔法の歴史に興味のある人なら悪名高い「空飛ぶ軟膏」をすぐさま思い浮かべるでしょう。精神活動に作用する植物を油分のあるベースに浸して作ったこれらの膏薬は、皮膚に塗り、現在はアストラル投射（幽体離脱）として知られる現象を助けます。

　しかしながら、魔女や魔術師に知られているのはこのような軟膏だけではありません。他にも数多くの軟膏がオイルの特徴を生かした世俗的な目的で使われています。実際、溶かした蜜蝋やラードまたは、（現代では）植物油から作るショートニングに、前項で触れたオイルを加えるだけで軟膏は作れます。

　どのように作ろうと、軟膏はガラス製か陶製の容器に保存するのがよいでしょう。密閉できる蓋のある広口瓶であれば申し分ありません。高温や光を避けて保存しましょう。

　これから解説する軟膏の大半は比較的無害ですが、中には有毒で、命に関わるものもあるので注意してください。本書に掲載してはいますが、危険な軟膏の使用を勧めているつもりはありません。

　こうした軟膏は大昔のハーブ魔術の一部であり、歴史的関心を満たすためだけに収録しました。

　本書の初版が刊行されたのち、ヘンベイン（ヒヨス）、ヘムロック（ドクニンジン）などの有毒なハーブを探しているという読者から何通もの手紙を受け取りました。この人たちは明らかに私の警告を無視して、「空飛ぶ軟膏」を作ろうとしたのです。もちろん彼らには協力しませんでした。そんなことをしたら、彼らが命を縮めるのを手助けすることになります。

　人の忠告を聞かない人はいるものです。

軟膏を作る

軟膏は簡単に作れます。成分はハーブまたは、オイルとベースだけです。昔は手に入れやすい豚の脂（ラード）がベースとして好まれていましたが、植物油で作るショートニングもしくは蜜蝋のほうがよい結果が得られます。ベースは熱で溶け、室温で固まるなめらかな物質でなくてはいけません。ハーバリストの中にはワセリンを使う人もいます。

魔法の軟膏の製法は基本的に2通りです。

ショートニングを使う方法

ショートニング4に対して、調合した乾燥ハーブ1を用意します。まず、ショートニング4を弱火で静かに加熱して溶かし、液状にします。ショートニングが燃えないように見張っていてください。次に調合した乾燥ハーブ1を加え、よく混ざるまで木べらでかき混ぜてショートニングに香りが移るまで加熱します。空気に匂いが漂うまで続けます。

次にガーゼで濾して、密閉できる広口ガラス瓶などの耐熱容器に入れます。天然の保存料として、軟膏1米パイント（約0.47リットル）当たりティースプーン1／2杯のベンゾインのティンクチャー（詳しくは、PART IIの「ティンクチャー」を参照または、ドラッグストアで購入可）を加えます。冷蔵庫などの冷暗所に保存します。軟膏は数週間から数カ月は持つはずです。カビが生えたら捨てて、新しく作りましょう。

蜜蝋を使う方法

この製法では、油特有の重さがない、より化粧品に近い軟膏ができます。濾す作業が難しいので、ハーブではなくオイルを使うとよいでしょう。

できれば漂白していない蜜蝋を使いましょう。それが無理なら入手できたものを使ってください。計量カップに詰め込めるように、よく切れる大きいナイフで細かく削ります（水を入れた大きい鍋にコーヒーの缶をセットするなど）。二重鍋に、蜜蝋をカップ約1／4入れます。オリーブ、ヘーゼルナッツ、セサミ、その他の植物油などをカップ約1／4加えます。蜜蝋がオイルに溶けるま

で木べらでかき混ぜます。

　火からおろして、わずかに固まり始めるまで、ほんの少し冷まします（蜜蝋の熱でオイルが蒸発しないようにするため）。調合したオイルを蜜蝋に加えます。木べらでよく混ぜたあと、耐熱容器に移します。いつものようにラベルを貼って保存します。

　以下のレシピでは、どちらも推奨する製法を示します。

軟膏にパワーを注入する

　軟膏を容器に移して熱を冷ましたら、魔法で叶えたい目標に向けてパワーを注ぎます。この重要なステップによって軟膏に宿るエネルギーの方向を定め、あなたがそのエネルギーを儀式で使えるようにします。

軟膏を使う

　軟膏は通常、身体に塗ることでさまざまな魔法の変化をもたらします。オイルの場合と同様、軟膏が効果を発揮することをイメージしながら塗ります。

レシピ

EXORCISM OINTMENT ／魔除けの軟膏

　　フランキンセンス　……………………… 3滴
　　ペパーミント　…………………………… 2滴
　　クローブ　………………………………… 1滴
　　パイン　…………………………………… 1滴

　これらの精油を蜜蝋または、他のベースに加えます。強力な浄化が必要だと感じたとき、身体に塗ります。

🌿 FLYING OINTMENT, NONTOXIC／空飛ぶ軟膏、非毒性

　　　ディタニーオブクリート　…………………　1
　　　シンクフォイル　………………………………　1
　　　マグワート　……………………………………　1
　　　パセリ　……………………………………………　1

　ハーブをショートニングに加えて、通常の方法で作ります。アストラル投射を試みる前に身体に塗ります。

🌿 FLYING OINTMENT, NONTOXIC／空飛ぶ軟膏、非毒性2

　　　サンダルウッド・オイル　………………　2滴
　　　ジャスミン・オイル　………………………　1滴
　　　ベンゾイン・オイル　………………………　1滴
　　　メース・オイル　………………………………　1滴

　これらの精油を蜜蝋または、他のベースに加えます。前項と同様に使用します。

🌿 FLYING OINTMENT／空飛ぶ軟膏（使ってみようなどと考えてはいけません！）

　　　シンクフォイル
　　　パセリ
　　　アコナイト ☠
　　　ベラドンナ ☠
　　　ヘムロック ☠
　　　カウベイン ☠

🌿 FLYING OINTMENT／空飛ぶ軟膏2（使ってみようなどと考えてはいけません！）

　　　ラード（豚の脂）

オイントメント（軟膏）

ハシシ ☠
ヘンプの花 ☠
ポピーの花
ヘレボア ☠

冗談抜きで使ってはいけません！

🌿 HEALING OINTMENT ／ヒーリングの軟膏
  シダーウッド …………………… 4滴
  サンダルウッド ………………… 2滴
  ユーカリ …………………………… 1滴
  シナモン …………………………… 1滴

溶かした蜜蝋または、他のベースに加えます。冷ましてから、必要に応じてヒーリングを速めるため身体に塗ります。傷口、やけど、皮膚の裂けた部分に塗ってはいけません。

🌿 HEX-BREAKER OINTMENT ／まじないを解く軟膏
  ガランガル ……………………………… 3
  ジンジャー・ルート（乾燥） ………… 2
  ベチバー ………………………………… 2
  シスル（アザミ） ……………………… 1

ハーブをショートニングに浸し、ガーゼで漉して冷ましてから夜、身体に塗ります。

🌿 LOVE OINTMENT ／愛の軟膏
  イランイラン …………………… 4滴
  ラベンダー ……………………… 2滴
  カルダモン ……………………… 1滴

PART II　手順とレシピ

　　　バニラエッセンス　………………………… 1滴

　これらの精油を蜜蝋または、他のベースに加えます。通常の方法で作り、愛を求めているとき身体に塗ります。

🌿 LUST OINTMENT ／切望の軟膏

　　　ガランガル　………………………………… 3
　　　ディル　……………………………………… 2
　　　ジンジャー　………………………………… 1
　　　ペパーミント　……………………………… 1
　　　バニラビーンズ　…………………………… 1本

　ショートニングを使って通常通りに作ります。求めているものをイメージしながら身体に塗ります（敏感な箇所は避けてください）。

🌿 MOON GODDESS OINTMENT ／月の女神の軟膏

　　　サンダルウッド　…………………………… 5滴
　　　レモン　……………………………………… 3滴
　　　ローズ　……………………………………… 1滴

　蜜蝋または、他のベースを使って作ります。月の女神と同調するために、また満月の儀式の際に身体に塗ります。

🌿 PROTECTION OINTMENT ／防御の軟膏

　　　マロウ（ウスベニアオイ）　……………… 2
　　　ローズマリー　……………………………… 2
　　　バーベイン　………………………………… 1

　ショートニングを使って通常通りに作ります。身体に塗って負の影響を追い出し、そのような影響を遠ざけます。

オイントメント（軟膏）

🌿 PSYCHIC POWERS OINTMENT ／サイキック能力を高める軟膏

　　ベイ　………………………………… 3
　　スターアニス　……………………… 3
　　マグワート　………………………… 2
　　イエルバサンタ　…………………… 1

　ショートニングを使って通常通りに作ります。こめかみ、額の中央、首の後ろに塗って、サイキック能力を高めます。

🌿 PSYCHIC POWERS OINTMENT ／サイキック能力を高める軟膏 2

　　レモングラス　……………………… 3滴
　　ベイ　………………………………… 2滴
　　ヤロウ　……………………………… 1

　蜜蝋または、他のベースに混ぜて、前項と同じように塗ります。

🌿 RICHES OINTMENT ／富を得るための軟膏

　　パチョリ　…………………………… 4滴
　　オークモスのブーケ　……………… 3滴
　　クローブ・オイル　………………… 1滴
　　バジル・オイル　…………………… 1滴

　蜜蝋または、他のベースを使って作ります。毎日身体や手に塗って富を引き寄せます。

🌿 SUN GOD OINTMENT ／太陽神の軟膏

　　フランキンセンス　………………… 4滴
　　オレンジ　…………………………… 3滴
　　シナモン　…………………………… 1滴

蜜蝋または、他のベースを使って作ります。特にウイッカンのサバトの際に身体に塗って太陽神と同調します。

VISIONS OINTMENT ／幻覚を見る軟膏（要注意！）
　　ヘンプ ☠
　　アンゼリカ
　　カバカバ

ショートニングで作ります。身体に塗ると幻覚が現れます。法を犯さずに幻覚を見るには、ヘンプの代わりにスターアニスを使いましょう。

WITCHES' OINTMENT, NONTOXIC ／魔女の軟膏、非毒性
　　バーベイン　………………………………… 3
　　サンダルウッド　…………………………… 3
　　シナモン　…………………………………… 2
　　クローブピンクの花びら　………………… 1

ショートニングを使って通常通りに作ります。ペンタグラム（五芒星、先端のひとつが上向き）の印をつけた容器に保存します。ウイッカの儀式の前に身体に塗って、女神および神、そしてその先にあるものと一体になります。

WITCHES' OINTMENT, NONTOXIC ／魔女の軟膏、非毒性 2
　　フランキンセンス　………………………… 3 滴
　　ミルラ　……………………………………… 2 滴
　　サンダルウッド　…………………………… 1 滴
　　オレンジ　…………………………………… 1 滴
　　レモン　……………………………………… 1 滴

蜜蝋または、他のベースを使って作ります。前項と同様に使用します。

オイントメント（軟膏）

WITCHES' OINTMENT ／魔女の軟膏（要注意！）
- ヘムロック ☠
- ポプラ
- アコナイト ☠

YOUTH OINTMENT ／若返りの軟膏
- ローズマリー ………………………… 4
- ローズの花びら ……………………… 2
- アニス ………………………………… 1
- ファーン ……………………………… 1
- コモンマートル（ギンバイカ）………… 1

ショートニングで作ります。若さを保つため、または若返るために、日の出の時刻に姿見の前に裸で立ちます。なりたい自分のイメージを浮かべながら、身体に軽く塗ります。

Inks
インク

　粗末な小屋にオイルランプが揺らめいています。ひとりの老女がそっと依頼人の手を取ります。彼女はクリスタルの瓶を持ちあげて呪文を唱え、若者の広げた手のひらにインクを流しました。そして揺らめく炎を映す黒い斑点で、彼の未来を占います。

　インクは、このように長いあいだ魔術に使われてきました。その最も優れた点は、魔法の目的達成に効果があるシンボルやイメージを目に見える形に変えられたことです。魔法の儀式のあいだ、インクは個人のエネルギーを高め、調整し、送り出すものとして使われます。ですからインクは魔法の道具なのです。

　多くの魔術の教科書が、中世やルネッサンスのあいだ慎重に間引かれ、書き換えられていました。そのうちのいくつか（近世に出版されたものもある。詳しくは、「参考文献」を参照）は、インクの浄化や「悪魔祓い」についても述べています。インクは、危険な生き物を誘い出して追い払うためにシンボルを描いたり、またはそれらのサインを描くために使われてきました。そのため使用前に、インクを適切に清めることが必要とされてきたのです。

　今では、インクの魔術的な使用はほとんど忘れられていますが、中には「コウモリの血のインク」などで魔法をかけるものもあります。たとえば「ふたつの心臓とビーナスのシンボルを緑のインクで記す」「あなたの家のイメージを描く」などと指示されたとき、多くの魔術師はボールペンで簡単に描くでしょう。それは間違いではありませんが、その儀式に没頭しているとは言えません。インセンスやオイルを作る人がたくさんいるのですから、インクを作ってもいいではありませんか。

　人類最古の「インク」はおそらく炭であり、最初のペンは黒焦げの棒でした。

黒焦げの棒で何気なく岩をこすった原始人は、そこにできた黒い線に驚いたに違いありません。

　もちろんこれは今でもできます。棒や枝を炭になるまで燃やすだけです。涼しいときなら、魔法の目的に合ったイメージを描くために、その棒を天然のチャコールペンシルとして使いましょう。儀式のたびに新しいペンを作ってください。それを燃やし、描きながら魔法の目的をイメージ化するのです。

　そうした原始的な儀式は、自分のパワーをコントロールする能力を充分刺激するかもしれません。そうでなかったとしても、魔法のインクを作ってみましょう。

　すべての魔法のインクには、尖った羽根ペンやつけペンが必要です。つけペンは文具店や事務用品店で買うことができます。魔術に使用する前に、使い方をよく練習しておきましょう。

　魔法のインクの作り方には、古代からふたつの方法があります。残念ながらその製法は難しく、満足のいく結果を生み出せないかもしれませんが、参考までに以下に記します。

☆魔法のインク１

　　ゴールナッツ　……………………………… 10オンス（約280グラム）
　　孔雀石　……………………………………… 3オンス（約85グラム）
　　ミョウバン石あるいはアラビアガム　… 3オンス（約85グラム）

　すべての材料を粉末にし、光沢のある新しい陶器の壺に川の水と一緒に入れます。夏至の前夜に集めたシダの小枝と、3月の満月の夜に折ったツルクサの小枝で火をおこします。白い紙を火に加えたら、壺を火にかけます。水が沸騰するとインクができあがります。

☆魔法のインク２

　　フランキンセンスのすす
　　ミルラのすす
　　ローズウォーター

PART II　手順とレシピ

甘口のワイン
アラビアガム

　フランキンセンスとミルラのすすを集めます。おそらく、燻っているゴムの上でスプーンにのせればできます（詳しくは、次項「ランプブラック」を参照）。これを少量のローズウォーターと甘い香りのワインを入れたボウルに混ぜます。アラビアガムを加えて、文字が書けるくらいどろりとさせてください。

　1600年代あるいはそれ以前からあるこれらのレシピを見れば、その困難さから魔法のインクが作られなくなった理由がよくわかります。ですが、「魔法のインク2」のレシピを簡略化したものは、これからインクを作ろうとする人々の役に立つでしょう。作り方は、以下の通りです。

ランプブラック

　ランプブラック（黒色顔料の一種）は、前述のレシピ1と2どちらの調合にも使われ、キャンドルを使って作ります。普通の魔術用のインクを作るなら白いキャンドルを、特別な目的用のインクならカラーキャンドルを使います。たとえば、お金のためのインクを作るなら緑色のキャンドルを、愛のためならピンクの細長いキャンドルを使いましょう（詳しくは、「付録：色」を参照）。
　適切な色のキャンドルに火を灯し、芯にかろうじて触れるぐらいにスプーンの底を炎に当てます。30〜45秒そのままにしておくと、スプーンは黒色の被膜で覆われます。スプーンを炎から離し、小さなボウルの上で持ちます。ボール紙や情報カードのような厚紙を使い、ランプブラックをボウルにそっとこすり落とします。
　ランプブラックがボウルに実際に落ちていることを確認してください。空気より軽いため、よく見ていないとすぐにテーブルやカーペットの上へ飛んでいってしまいます。
　真っ黒なすすがかなりの量になるまで、この手順を30回から60回繰り返します（30分ほどかかるでしょう）。特別な魔術用のインクを作るなら、ランプブラッ

クを集めるあいだ何度も魔法のゴールを心にイメージしましょう。
　この頃には、もう両手は真っ黒になっているはずです。スプーンの持ち手が熱くなりすぎないよう、気をつけてください。
　（もしも「魔法のインク2」に挑戦するなら、フランキンセンスとミルラを燃やしてすすを集めてください）
　興味がある方は、以下のレシピを試してみましょう。ランプブラックを量るのは困難（不可能！）なため、分量はありません。ですが時間をかけてランプブラックをたくさん集めれば、それだけ多くのインクができます。

☆魔法のインク3
　ランプブラック
　蒸留水
　アラビアガム

　ランプブラックの入ったボウルに、温かいまたは熱い蒸留水を一滴ずつ加えます。適量と思う手前で入れるのをやめてください。すすが完全に溶け、水が真っ黒になるまで指で混ぜます。ランプブラックは水面に浮かぶので、これは容易ではありません。
　水を入れすぎてしまったら（水が灰色になったら）、色が濃くなるまでランプブラックを追加します。
　次に細かくしたアラビアガムを少量入れ、ゴムが溶けるまで指で（量が多い場合はスプーンで）混ぜます。混ぜたものは市販のインクのように濃くなります。適当な濃さがわかるように、事前に市販のものを調べておきましょう。
　ランプブラック、水、アラビアガムの正しい比率を判断するのは難しいですが、これらの指示に従えば、初めてでもきちんと使える魔法のインクが作れます。混ぜたあとはインクを小さなボトルへ詰めて、必ず手を洗いましょう。

簡単な魔法のインク

　以下の多くは初版にも掲載したレシピです。興味があれば試してみてくださ

い。濃度が薄すぎて文字が書けなければ、アラビアガムを追加してください。

☆**魔法のインク４**
サフランエキスは良質な魔法のインクを作ることができますが、とても高価です。

☆**魔法のインク５**
新鮮なポークベリー（ヨウシュヤマゴボウ）の実をつぶすと紫のインクができます。そのため「インクベリー」という別名もあるほどです。種は有毒なため、このインクは口に入れてはいけません。

☆**魔法のインク６**
ビーツの絞り汁は、赤いインクになります。必要に応じてアラビアガムで濃くしてください。

☆**魔法のインク７**
ブラックベリー、ボイセンベリー、グレープの絞り汁も試してください。

☆**魔法のインク８**
ボーイスカウトなら誰でも知っているように、「目に見えない」インクは簡単に作れます。牛乳、レモン汁などを使い、白い紙にきれいなつけペンで書きます。これはあらゆる呪文に使えます。必要なのは想像力です。見えない言葉を見えるようにするには、紙をキャンドルの炎に慎重にかざし（燃えない距離で）、文字が浮かびあがるのを待ちます。

見えないインクの儀式的な使用例：魔法で目的を達成したイメージを見えないインクで紙に描きます。パワーを注ぎながらイメージしてください。乾いたら紙を見つめましょう。何も見えません。これは、その目的を達成できないあなたの人生を表しています。次に、それをキャンドルの炎の近くにかざします。イメージがゆっくりと現れるに従って、エネルギーを送りましょう。イメージ

が現実化してあなたの人生に現れてくるでしょう。

魔法のインクを使用する

　使い方は簡単です。以下にいくつか示します。
・魔法の目的をイメージしながら適当な色紙に描きます。文字がエネルギーで輝くのを、あるいは絵がパワーで揺らめくのをイメージしましょう。
・心の求めるままに紙にインクを塗り、燃やして灰にします。燃やしながら、紙に注いだエネルギーが流れ出し、あなたの願いが現れるのを感じましょう。

簡単にできる幻視の方法：
　夜、霊的なものを呼び起こすためのインセンスを焚きます。そして水を入れた小さな円形のボウルに、黒のインクを数滴加えてください。水が黒くなったら明かりを消し、黄色か白のキャンドルをつけて水の中をのぞきます。意識をリラックスさせ、精神統一をしましょう。将来の可能性に関する情報を受け取れるよう、心を開いてください。

注意：
　古い呪文には、インクを体内に取り込むことを求めるものがあります。イメージを紙に描いて水に溶かし、それを飲むという指示もあるかもしれません。ですが市販のインクの大半は、多くの自家製のものと同様に有害なので、飲んだり食べたりしてはいけません！　古い儀式を行うときも現代の知識を忘れてはいけません。

Tinctures
ティンクチャー（チンキ剤）

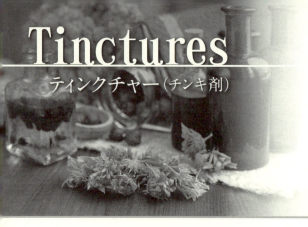

　オイルは魔法にエネルギーを加えると同時に、嗅覚を通して儀式的な意識を高めるための魔術に広く使われています。ティンクチャーとして知られる匂いのある液体もオイル同様、効果的です。ティンクチャーは香りをとらえるアルコールに乾燥植物を浸して作られます。この工程は簡単で時間もかからず、オイルと同じくすばらしいものを生み出せます。

　ですが注意点もあります。魔法のティンクチャーに使われるものはエチルアルコールで、エタノールあるいはグレインアルコール（穀物から作られるアルコール）としても知られています。イソプロピルあるいは消毒用アルコールは石油製品から蒸留されたもので、匂いが強く、香りをとらえるのに不向きなので使わないでください。

　エチルアルコールが向いているのは穀物や砂糖、ブドウから蒸留された完全に自然の物質だからです。ただ残念ながら、エチルアルコールは入手しにくい場合があります。そしてたいてい高価です。

　「エバークリア」という192プルーフアルコール（アルコール度数が96パーセントのもの）が、アメリカで手に入ることがあるのですが、非常に高額です。私はアメリカに近いメキシコ国境地帯に住んでいるので、エチルアルコールはたいていティファナで買います。ちなみに成人は1クオート（約1リットル）の酒類までは持って国境を越えることが許されています。

　ティンクチャーに必要なのは、少なくともアルコール度数70パーセントのものです。純粋なエチルアルコールであるウオッカは、45パーセントの度数しかなく、最高の香りを生み出すには弱いです。エチルアルコールを求めて、酒店、スーパーマーケット、ドラッグストアを探してみてください。それが見つかれ

ば、魔法のティンクチャーを作る準備は完了です。

　工程は信じられないほど簡単です。まず乾燥植物を多めに手に入れましょう。生のハーブは水分含有量があるため使えません。アルコールに溶けない植物もあります。つまりその香りはエチルアルコールに移らず、香り高いティンクチャーは作れないということです。後述の「おすすめのティンクチャーの材料」を参考にするか、自分で実験してみましょう。

　度数70パーセントのアルコールの使用が推奨されることが多いですが、私は96パーセントのものでもうまくいきました。挑戦する気があるなら、エチルアルコールを蒸留水で薄めてみてください。この方法は、水には完全に溶けない植物の香りをとらえるのに役立つでしょう。

ティンクチャーを作る

　材料の乾燥ハーブを乳鉢と乳棒ですりつぶし、できるだけ細かい粉末にします。これは特にサンダルウッドのような木材の場合に重要です。

　次に魔法で目的を達成したことをビジュアル化しながらハーブにパワーを注入し、それらを密閉できる小さな瓶に入れます。そして小型の漏斗を使って、ハーブが浸るくらいまでエチルアルコールを注ぎ、しっかりと蓋を閉めます。毎日、瓶をよく振って混ぜ、それを１〜２週間ほど続けます。瓶を振るたびに魔法の目的をイメージしましょう。

　それからコーヒーフィルター（または、ざるに敷いたガーゼ）を使ってアルコールを漉します。すると、この時点では、フランキンセンスやミルラのような樹脂と混ざって、香りが十分に出ているはずです。香りが弱ければ、瓶にさらにハーブを加え、アルコールを足します。アルコールは空気に触れると蒸発するので、急いで行ってください。

　そのプロセスを繰り返し、毎日瓶を振ってください。アルコールの匂いが強くなり、色がついてきます（ハーブにアルコールを加えると、すぐにそうなるかもしれません）。そうならなければ、アルコールに溶けにくい植物を使っているということです。アルコールに少量の水を加えてもう一度やってみるか、この項に出てくるハーブを使ってみましょう。

ティンクチャーが適切に香っているかを正しく判断するため、手首に1、2滴落としてみましょう。アルコールが蒸発するのを待ち、それから匂いを嗅いでみてください。ティンクチャーの多くは、瓶の中では「本来の」匂いがしないからです。

植物の香りが甘ったるいアルコールの匂いに完全に勝っていたら、最後にもう一度漉して瓶に詰め、香りを安定させるためにキャスターオイル（ひまし油）かグリセリンを数滴加えます。瓶にラベルを貼り、直射日光の当たらない涼しい場所で保管してください。

さあ、魔法のティンクチャーができあがりました。何に使いましょうか？

ティンクチャーを使用する

いかなる事情があろうと、魔法のティンクチャーを飲んではいけません！そこに使用されている多くの植物原料は、口に入れるには有害です。192プルーフアルコールも、健康的でないことは間違いありません。

ですが、他の使用法もあります。そのひとつは、インセンスの項で言及したペーパーインセンスを使うことです。これはゴムや樹脂のティンクチャー、あるいは強い香りのティンクチャーに最も効果的なようです。

皮膚に塗り、植物の力を体内に取り込むために使われるティンクチャーもありますが、最初は皮膚のほんの一部で試してください。アルコールはすぐに蒸発し、植物の香りが残ります。皮膚がヒリヒリするティンクチャーもあり、汚い染みやベトベトした感触を残すものもあります。これはフランキンセンスやコーパルのチンキなどによく見られます。ラベンダー、クローブ、パチョリ、また他の多くのティンクチャーも塗るのに適していますが、アルコールベースのティンクチャーは敏感肌を乾燥させることがあります。

ティンクチャーは魔法の道具、サシェ、キャンドル、宝石などに塗るのにも使われます。風呂の湯に入れたり、オイルに混ぜたり、軟膏に加えたりもします。実際、オイルの儀式的な使用はすべて、ティンクチャーにも当てはまります。

以下に挙げるのは、私がうまくティンクチャーにできたハーブです。作り方のサンプルも含まれています。自分で行う方法の中で、ティンクチャーは最も

確実に植物の香りを捉えるということがわかるかもしれません。

手短に言うと、エチルアルコールはクローブやスターアニスのようなスパイスから、すぐに香りを「奪い」ます。フランキンセンス、ミルラ、ベンゾイン、コーパルなどのゴムはベタつくことがあります。他のハーブは、うまくいくときもあれば、そうでないときもあります。まずは試してみてください。

おすすめのティンクチャーの材料

BENZOIN／「ベンゾイン」
消毒薬の匂いがするこのこげ茶色で半透明のティンクチャーは、ビジネスを成功させて精神力を強くするのにうってつけです。それを塗って白いキャンドルを灯し、浄化の儀式を行います。保存のために、数滴のベンゾインのティンクチャーを香油や軟膏に加えることもあります。

CAMPHOR／「カンファートゥリー（樟脳）」
当然ですが、本物だけを使ってください。これは刺すような鋭い匂いのティンクチャーになります。性欲を抑えるためにこの匂いを嗅ぎましょう。癒しのお守り（サシェ）に塗るか、満月のときに風呂に入れて使います。

CINNAMON／「シナモン」
すばらしく豊かな香りです。お金を引き寄せるためのサシェに塗ったり、サイキック能力を引き出すために匂いを嗅いだり、守護用のブレンドに加えたりします。このティンクチャーは深い赤、あるいは茶色がかった黒になります。

CLOVE／「クローブ」
信じられないほどよい香りです。防御や魔除けに使います。使う前のお金にこのティンクチャーを塗ります。または愛のために使います。透明な明るい茶色のティンクチャーになります。

COPAL／「コーパル」

このメキシコ産の良質ゴムは、粘着性のある透明な明るい黄色のティンクチャーになります。香りはフランキンセンスとレモンを合わせたものを連想させます。防御のために塗り、霊的なことに使います。

DEERSTONGUE／「ディアーズタン」

温かなバニラの香りです。サイキック能力を呼び起こすために匂いを嗅ぎます。明るい緑のティンクチャーは、男性を惹きつけるためにも使えます。

FRANKINCENSE／「フランキンセンス」

私が初めて作ったティンクチャーのひとつで、香り高いきれいな金色のティンクチャーになります。この匂いを嗅ぐと、ほとんどのフランキンセンス・オイルがまったくの合成品だとわかります。魔術の道具やサシェや身体に（ベタつくのが嫌でなければ）塗ります。霊的なこと、魔除け、浄化、縁起物、防御の儀式などに使います。これはペーパーインセンスに最も適したティンクチャーのひとつです。

GALANGAL／「ガランガル」

この根茎は、ジンジャーやカンファートゥリーの匂いがする、明るい黄色のティンクチャーになります。幸運、金運、お守り、魔除け、サイキックな力のために使います。

LAVENDER／「ラベンダー」

この明るい緑のティンクチャーは、愛を惹きつけるのに使います。額と枕に塗ることで安眠できます。風呂に入れると浄化の作用があります。高潔さと平穏を促します。

MYRRH／「ミルラ」

ほろ苦い香りの茶色のティンクチャーです。ミルラは霊性向上、癒し、防御の目的で使われます。古代を思い起こさせる香りで、フランキンセンスと混ぜる

と刺激的です。これもまたペーパーインセンスに適したティンクチャーです。

NUTMEG／「ナツメグ」
透明な赤みがかったオレンジのティンクチャーです。サイキック能力を高めるために匂いを嗅ぎ、お金、健康、幸運のお守り（サシェ）に塗ります。

PATCHOULY／「パチョリ」
このめまいがするほど土の匂いがするハーブは、刺激的な緑のティンクチャーになります。お金、愛、子宝の目的で使われます。

PEPPERMINT／「ペパーミント」
作るのに時間はかかりますが、その効果は努力するだけの価値があります。このミントグリーンのティンクチャーは、お金、浄化、愛の儀式に使われます。安眠効果もあります。「スペアミント」も試してみてください。

ROSEMARY／「ローズマリー」
濃い樹脂のティンクチャーで、黄色みがかった緑色です。ほぼすべての魔法の目標を達成するのに有効です。愛、癒し、防御、魔除け、安眠、性欲などです。

SAGE／「セージ」
私は地元の白いセージを使います。緑がかった茶色のパワフルなティンクチャーになります。その香りは、強い「青臭さ」があるカンファートゥリーと少し似ています。癒し、浄化、知恵や保護を得ることに使われ、お守りやサシェにも塗ります。

SANDALWOOD／「サンダルウッド」
これも作るのに時間がかかります。必ず細かくしたものを使って試してください。このティンクチャーは「調理」にいちばん時間を要するようですが、完成品はサンダルウッドとともにシーダーの匂いもします。防御、霊性向上、癒し、魔除けのために使います。

STAR ANISE／「スターアニス」

このスパイシーな星形のハーブは、サッサフラスの香りがするティンクチャーになります。タロットカードやルーンストーン、その他、占いの道具を使う前に、この匂いを嗅いで精神的に覚醒しましょう。

TONKA／「トンカ」

豊かなバニラの香りとともに、かすかなほろ苦さも感じます。お金、愛、勇気、願望のお守り（サシェ）に塗りますが、服用してはいけません。トンカマメは有毒で、そのため手に入りづらくなっています。

VANILLA／「バニラ」

このおなじみの料理用ハーブは、豊かで温かな香りのティンクチャーになります。愛を惹きつけ、肉体のエネルギーを促進し、精神機能を刺激するのに使われます。

WOOD ALOE／「アロエウッド」

このマレーシアの樹皮は樹脂を多く含み、ジンジャーとペッパーの香りのするティンクチャーになります。宗教関連の道具や祭壇に塗ったり、幸運や霊的なお守り、護符に塗ったりするのに最適です。

　繰り返しますが、アルコールが蒸発するまで、ティンクチャーの匂いを嗅いではいけません。アルコールが蒸発すると、ハーブの香りは豊かに花開くのです。前述したおすすめの材料リストは短いものですが、魔法のティンクチャーに関心のある人が最初に試すのには最適です。

　次に挙げるのは、あなたが作れるティンクチャーのいくつかのレシピです。前述のハーブを組み合わせました。すべて肌に塗っても安全ですが、アルコールが含まれるために乾燥します。ゴムベースの樹脂は、何度も言いますが、ベタつきます（警告しましたよ！）。

　バランスを保つために、あなたのサイキックな力が異論を唱えない限りレシピ通りに作ってください。オイルと同じ方法で混ぜます。

ティンクチャーを使うときは（すべての魔法のハーブ製品と同様に）、目的の達成をイメージしてパワーを注ぐことを忘れないでください。

レシピ

GUARDIAN TINCTURE ／守護のティンクチャー
　　シナモン
　　サンダルウッド
　　クローブ

自分あるいは保護したいものに塗ります。

HEALTHY MIND, HEALTHY BODY TINCTURE ／治癒のティンクチャー
　　セージ
　　ミルラ
　　ローズマリー

治癒を早めるため、あるいは健康を維持するために、自分の身体、癒しのお守り（サシェ）、青いキャンドルなどに塗ります。

LOVE TINCTURE ／愛のティンクチャー
　　ラベンダー
　　ローズマリー
　　パチョリ

愛を惹きつけ、愛を与え受け取る能力を向上させるために、自分の身体や愛のサシェに塗ります。

🌿 MONEY TINCTURE ／お金のティンクチャー
　　　パチョリ
　　　クローブ
　　　ナツメグ
　　　シナモン

　使う前のお金に塗ります。お金のお守りやハンドバッグ、財布、キャッシュレジスターなどに塗ります。

🌿 SACRED TINCTURE ／神聖なティンクチャー
　　　フランキンセンス
　　　ミルラ
　　　ベンゾイン

　霊的な活動への関わりを深めるために、特にあらゆる種類の瞑想や宗教儀式の前に自分に塗ります。

🌿 THIRD EYE TINCTURE ／直感力のティンクチャー
　　　スターアニス
　　　クローブ
　　　ナツメグ
　　　ディアーズタン

　サイキックな夢を見るために枕へ塗ります（染みになるので注意してください。これに使うのは1枚の枕カバーだけにしましょう）。また、自然なサイキック能力を使う前に、手首と額にも塗ります。

Herb Baths
ハーブバス

　温かい湯の入った浴槽にハーブのサシェを入れます。湯がハーブに浸み込むにつれて、植物が色のついたよい香りのエキスを放出します。魔法のバスタイムの始まりです。

　風呂にハーブを加えることは最も簡単な魔術のひとつです。風呂用のサシェが入った浴槽の湯は、ハーブティーが入った巨大なポットのようなものです。温かい湯にハーブを入れると、それは香りや色だけでなく、エネルギーも解放するのです。そのように風呂は精神を覚醒させ、愛を引き寄せ、治癒を早め、あなたを守ってくれる力強いツールなのです。

サシェを作る

　この項に載っているレシピに従うか、あるいは自分で作ってみましょう。
　材料をすべて用意したら、ボウルに入れ、指で混ぜてください。自分のパワーを注ぎながら、魔法の目的をイメージします。混ぜたらひとつかみして、大きな正方形のガーゼの真ん中に置きます。ガーゼの端を結び、風呂に入れましょう。ガーゼがなければ、古い洗面用タオルでもかまいません。
　風呂に混ぜるものは、きっちりと蓋が閉まる瓶に入れれば、保存しておくことができます。時間節約のために、風呂用サシェをいくつか作っておくといいでしょう。

サシェを使用する

　これは簡単です。清潔な浴槽に湯を入れます。そこにサシェを入れ、湯に色がついて香りが出るまで浸しておくだけです。

　家に浴槽がないか、シャワーのほうがお好みなら、洗面用タオルでサシェを作りましょう。シャワーのあと、タオルで拭く前にそれで身体をこすってください。

　サシェの応用法は、少し複雑です。まず、2カップの水を沸騰させます。1、2個のサシェを入れた耐熱容器に熱湯を注ぎ入れて10分～13分間浸します。サシェを取り出し、香りのするエキスを最後の1滴まで絞り、その液を風呂に入れます。

　生来の魔術師には、花、ハーブ、樹皮を、布で包まず直接、浴槽の湯に入れることを好む人もいます。これだと肌が花びらだらけになり、入浴後、10分ほどかけてハーブを拾わなければ、排水管が詰まるのはほぼ確実です。

　浴槽に入るとき、ハーブと自分のエネルギーが溶け合うのを感じてください。魔法の目的をイメージしましょう。ハーブにすべてを任せてはなりません。ハーブのエネルギーを自分の中に取り込み、あなたの願いをイメージしながら宇宙へと送り出すのです。

　この魔法のバスタイムはどれくらい繰り返せばよいのでしょうか？　特に決まりはありません。これで終わったと感じるまで続けてください。

　浴槽に浸かっているあいだ、適切なインセンスを焚いたり、キャンドルを灯したりしてもいいでしょう。

レシピ

ANTI-HEX BATH／呪いを解くハーブバス

ローズマリー ………………………… 4
ジュニパー ………………………… 3

ハーブバス

  ベイ ………………………………… 2
  マグワート ……………………………… 1

すべての悪を清めるために、これを混ぜた風呂に夜、入ります。

🌿 APHRODISIAC BATH／媚薬のハーブバス

  ローズの花びら ………………………… 3
  ローズマリー …………………………… 2
  タイム …………………………………… 2
  コモンマートル ………………………… 1
  ジャスミンの花 ………………………… 1
  アカシアの花 …………………………… 1

ムスク・オイルを3滴浴槽に入れます。恋人に会う前に、あるいは友だちと一緒に入浴するのもいいでしょう。

🌿 BEAUTY BATH／美のハーブバス

  ラベンダー ……………………………… 3
  ローズマリー …………………………… 3
  スペアミント …………………………… 2
  コンフリー・ルート …………………… 1
  タイム …………………………………… 1

浴槽の横に手鏡を置きます。仰向けになり、湯の香りを味わって、目を閉じます。気持ちを静め、リラックスしてください。望む姿になった自分を思い描き、目を開けます。顔の前で手鏡を持ち、新しいあなたを見つめましょう。

🌿 "BREAK THE HABIT" BATH／"悪習慣を断つ"ハーブバス

  ローズマリー …………………………… 2
  ラベンダー ……………………………… 1

レモングラス	…………………………	1
レモンバーベナ	…………………………	1
セージ	…………………………	1

　ネガティブで悪影響のある習慣と、その根本原因から抜け出すために使います。浴槽の中にサシェを入れます。湯に色がついたら、中に入ってください。仰向けになり、悪い習慣や、喫煙、飲酒、ドラッグ、鬱、強迫観念などの悪いものを遠ざける自分を思い描きましょう。習慣への渇望や欲求を湯が吸収していくところを想像します。ネガティブなエネルギーが湯へにじみ出るのを心の目で見てください。すべてを思い描いたら、栓を抜いて湯が流れ出るまで浴槽の中にいましょう。身体に水が跳ね、すべての汚れが洗い流されます。これを毎日繰り返します。

🌿 DIETER'S MAGICAL BATH ／ダイエットの魔法ハーブバス

ローズマリー	…………………………	2
フェンネル	…………………………	2
ラベンダー	…………………………	1
ケルプ	…………………………	ひとつまみ

　効果を出すために、この風呂に朝晩繰り返し入ります。浴槽の中で、自分は食習慣を完璧にコントロールできるとイメージしてください。分別を持って食事の質と量を制限できると思うのです。象徴的な意味をこめて、この風呂を満月の2日後から始め、新月まで続けてください。2週間の最後の日に、すっかりスリムになり、元気で健康な自分になっていることをイメージします。

🌿 DIVINATION BATH ／占いのハーブバス

タイム	…………………………	3
ヤロウ	…………………………	2
ローズ	…………………………	2
パチョリ	…………………………	1

ナツメグ ………………………………… 1

意識をリラックスさせ、精神的覚醒を刺激するため、あらゆる占いをする直前にこの風呂に入ります。

🌿 ENERGY BATH ／エネジー・ハーブバス

クローブピンク ……………………… 3
ラベンダー ……………………………… 2
ローズマリー …………………………… 2
バジル …………………………………… 2

疲れたり落ち込んだりしたとき、この風呂を利用します。入浴前に湯を少し冷ましておくと、リラックスできて元気が出ます。水しぶきは体内に溶けていくエネルギーのしずくであり、それが生命力とパワーを与えるとイメージしてください。

🌿 EXORCISM BATH ／魔除けのハーブバス

バジル …………………………………… 2
ローズマリー …………………………… 2
ヤロウ …………………………………… 1
クミン …………………………………… 1
ルー ……………………………………… ひとつまみ

誰か（あるいは何か）が自分を攻撃しようとしていると思うとき、悲観的な自分を清めるためにこの風呂に入ります。エネルギーが詰まった水が、ネガティブなエネルギーを吸いあげるのをイメージしてください。バスタイム後、きれいな水を身体にかけ、悲観的なものの痕跡を洗い流します。

🌿 HEALING BATH ／ヒーリングのハーブバス

ローズマリー …………………………… 3

ラベンダー	2
ローズ	2
ペパーミント	1
シナモン	1

当然ながら、標準的な医学的治療とともに使います。この風呂は治癒のプロセスを早めます。風邪を治すには、ユーカリ2を追加してください（医師の指示がある場合は、入浴は控えること）。

🌿 LOVE BATH／愛のハーブバス

ローズの花びら	3
ラビッジ	2
ディル	1

生活に愛をもたらすために、毎日この風呂に入ります。心の通じ合う誰かと巡り合い、愛情と思いやりにあふれた自分をイメージしてください。

🌿 LOVE BATH／愛のハーブバス2

ローズの花びら	3
ローズゼラニウム	2
ローズマリー	1

前項と同じ。

🌿 LOVE BATH／愛のハーブバス3

オレンジの花	3
ラベンダー	2
ガーデニア（クチナシ）の花びら	1
カルダモン	1
ジンジャー	1

ローズマリー …………………………… 1
　　　ローズの花びら ………………………… 1

前々項と同じ。

🌿 MONEY BATH ／お金のハーブバス
　　　パチョリ …………………………………… 3
　　　バジル ……………………………………… 2
　　　シナモン …………………………………… 1
　　　シーダー …………………………………… 1

経済状況をよくするために、この風呂に入ります。

🌿 MONEY BATH ／お金のハーブバス 2
　　　クローブ …………………………………… 3
　　　シナモン …………………………………… 2
　　　ガランガル ………………………………… 1

前項と同じ。

🌿 PEACE BATH ／平常心、鎮魂のハーブバス
　　　キャットニップ …………………………… 2
　　　ホップ ……………………………………… 2
　　　ジャスミン ………………………………… 1
　　　エルダーフラワー ………………………… 1

怒りを静め、ストレスを緩和するためにこの風呂に入ります。浴槽に浸かりながら、怒りやストレスを水中に解放する自分を思い描いてください。それらが漂い、傷ついた神経や怒りの感情を湯が吸収するのを感じます。バスタイム後はきれいな水を全身に浴びてください。

🌿 PROTECTION BATH／防御のハーブバス

　　　ローズマリー ································ 4
　　　ベイ ·· 3
　　　バジル ··· 2
　　　フェンネル ··································· 2
　　　ディル ··· 1

　精神的な武装を強めるために、自分が強くなったと感じるまで、毎日この風呂に入ります。

🌿 PSYCHIC BATH／サイキック・ハーブバス

　　　レモングラス ································ 3
　　　タイム ··· 2
　　　オレンジピール ···························· 2
　　　クローブ ······································ 1
　　　シナモン ······································ 1

　サイキック能力を高めるために使います。あるいは霊的な波動を捉えるようになるため、毎日入浴してください。

🌿 RITUAL PURIFICATION BATH／浄化儀式のハーブバス

　　　ラベンダー ··································· 4
　　　ローズマリー ································ 4
　　　タイム ··· 3
　　　バジル ··· 3
　　　フェンネル ··································· 2
　　　ヒソップ ······································ 2
　　　ミント ··· 1
　　　バーベイン ··································· 1
　　　バレリアン・ルート ···················· ひとつまみ

このレシピは『The Key of Solomon the King』(「ソロモン王の鍵」未訳)に載っている調合をアレンジしたもので、あらゆる魔法の儀式前や、不純なものを浄化したいときに使うのが理想的です。バレリアン・ルートをひとつまみ以上入れると後悔します。とても匂うからです。本当ですよ!

SUMMER MAGICAL CLEANSING BATH
／夏の清め　魔法のハーブバス

　　マジョラム　………………………… 3
　　タイム　　　………………………… 3

冬の重苦しさを洗い流し、「春の大掃除」をするために、春と夏のあいだこの風呂に入ります。

WINTER MAGICAL CLEANSING BATH
／冬の清め　魔法のハーブバス

　　パインニードル　……………………… 3
　　ベイ　　　　　………………………… 2
　　ローズマリー　………………………… 1

リフレッシュして魔法のエネルギーを活性化させるために、冬のあいだこの風呂に入ります。

WITCH'S BATH ／魔女のハーブバス

　　ローズマリー　………………………… 3
　　クローブピンクの花びら　…………… 3
　　ガランガル　…………………………… 2
　　シナモン　……………………………… 2
　　ジンジャー　…………………………… 1

この風呂に入りながら、内なるパワーとそれを完璧にコントロールできる能力を持った自分をイメージします。特別な力を求めるときや、あらゆるポジティブな魔法の儀式前に使ってください。

Bath Salts
バスソルト

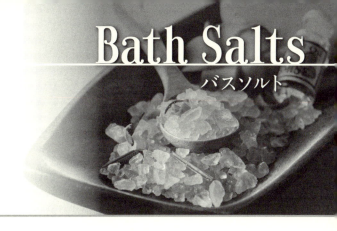

　バスソルトは風呂用ハーブの代わりになるもので、簡単に準備できます。市場に出回る腐食性の混合物より、手作りのほうがずっとよいでしょう。化学的に調合された混合物は、ほぼ間違いなく肌を刺激するからです。

バスソルトを作る

　基本原料は、食卓塩、ベーキングソーダ（重曹）、エプソムソルト（硫酸マグネシウム）です。ホウ砂を使うハーバリストもいます。以下の調合比率で、すべてを大きなボウルに入れます。

```
☆バスソルトのベース
　食卓塩（あるいはホウ砂）　……………… 1
　ベーキングソーダ　………………………… 2
　エプソムソルト　…………………………… 3
```

　これらをよく混ぜてください。これがさまざまなバスソルトを作るためのベースとなります。1種類のバスソルトが大量にできます。2、3種類作りたければ、ベースを分配し、匂いや色が混ざらないように分けておきましょう。
　色のパワーも利用します。シンプルな食用着色料を使い、ベースに1滴ずつ落とします。変わった色（たとえば紫とか）を混ぜるのに、2色あるいはそれ以上の色が必要なら、2色に分離しないようにまずスプーンで混ぜ、それから加えてください。すべてのバスソルトのおすすめの色はレシピに載せてあります。「色：白」と書いてあるものは、色をつけないでおきましょう。

PART II　手順とレシピ

　暗い色のバスソルトを作るには何滴も入れます。明るめの色にしたいなら少なめにします。均一に混ざるようにしてください。

　それから精油を1滴ずつ加え、正しい香りにしていきます。すべての塩の粒子が潤うまで混ぜてください。これには30分ほどかかります。混ぜながら、オイルの中の互いのエネルギーと、塩とが溶けあうのをイメージします。作業中はずっと、塩の魔法の目的を明確にし、忘れないようにしてください。

　PART IIIの「魔法の目的」に記載した基本的な儀式に従って、混ぜたものにパワーを注ぎ込みます。そして使用するときまで保管しておいてください。

　割合について：レシピには調合の比率（アーモンド・オイル1、ミント2など）が書かれていますが、正確な量を決めるには、自分の嗅覚を信じてください。香りがきついものほど、毎日風呂に入れるべきではありません。バスソルトはとても匂いが強いからです。

　使うときは、浴槽いっぱいの湯に対して、大さじ2杯から1／2カップまでのバスソルトが目安です。エネルギーが湯と融合するのを感じながら、手で混ぜてください。

　浴槽に浸かっているあいだにパワーを吸収します。それを受け止め、自分の中のネガティブなエネルギーを水中に解放します。

　入浴の直後（必要なら直前も）、市販のクレンザーか重曹をつけた濡れタオルで浴槽を洗いましょう。汚れた浴槽で風呂に入っても、望むような効果は得られないからです。

　レシピでは精油の割合も1、2などとしてあります。1は6滴ほどです。一般的に言えば、1／2カップのバスソルトに対して、合計10滴以上のオイルを入れるべきではありません。最も効果的な調合比率を自分自身で試してみてください。くれぐれも本物の精油だけを使うことをお忘れなく。

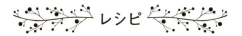

レシピ

🌿 AIR BATH（ELEMENTAL）／風のハーブバス（四大元素）

　　ラベンダー ………………………… 3
　　ローズマリー ……………………… 2
　　ペパーミント ……………………… 1
　　ベルガモットミントのブーケ …… 1
　　色：黄色

　占い、理論化、記憶力や集中力の補助、明快な思考、イメージ、学業のために、風のパワーとの調和を利用します。

🌿 CELIBACY BATH／禁欲のハーブバス

　　ラベンダー ………………………… 4
　　カンファートゥリー ……………… 2
　　色：白

　ぬるま湯に入れます。クールダウンしたいときに入浴してください。

🌿 CIRCLE BATH／サークルのハーブバス

　　ローズマリー ……………………… 3
　　ミルラ ……………………………… 2
　　サンダルウッド …………………… 2
　　フランキンセンス ………………… 1
　　色：紫

　強く清らかになり、儀式に備えるための魔法の前に、この風呂に入ります。

🌿 EARTH BATH（ELEMENTAL）／土のハーブバス（四大元素）

　　パチョリ ……………………………… 4
　　サイプレス ……………………………… 3
　　ベチバー ……………………………… 1
　　色：緑

　大地と同調するために、あるいはお金、基盤、安定、創造性、生殖、生態の魔術のために、この風呂に入ります。

🌿 EXORCISM BATH／魔除けのハーブバス

　　フランキンセンス ………………………… 3
　　サンダルウッド ………………………… 3
　　ローズマリー ………………………… 2
　　クローブ ………………………… 1滴
　　色：白

　精神の浄化のために、この風呂に入ります。入浴後、きれいな水を浴びましょう。《注意：クローブの精油は、2滴以上入れると肌がヒリヒリします》

🌿 FIRE BATH（ELEMENTAL）／火のハーブバス（四大元素）

　　フランキンセンス ………………………… 3
　　バジル ………………………… 2
　　ジュニパー ………………………… 2
　　オレンジ ………………………… 1/2
　　色：赤

　火の元素と同調するため、あるいは力、勇気、情熱、欲望などの儀式のために、この風呂に入ります。

🌿 FLOWERY LOVE BATH ／花の愛・ハーブバス

  パルマローザ ……………………………… 3
  ラベンダー ………………………………… 2
  ローズ ……………………………………… 1滴
  色：ピンク

 愛を惹きつけ、愛を与え、また受け取る能力を高めるために、この風呂に入ります。
《**注意**：ローズは、高価なため1滴と記しましたが、ご希望ならさらに増やすことも可能です。さらにローズは、それほど高価ではないパルマローザでも代用できます》

🌿 HEALING BATH ／ヒーリング・ハーブバス

  ニアウリ ……………………………………… 3
  ユーカリ ……………………………………… 2
  サンダルウッド ……………………………… 1
  色：ダークブルー

 治癒を早めたいときに使います。湯の中に病を放出しましょう。身体をタオルで拭く前に、きれいな水を浴びてください。もちろん調子が悪いときには入浴してはいけません。

🌿 HIGH AWARENESS BATH ／覚醒のハーブバス

  シダーウッド ………………………………… 3
  サンダルウッド ……………………………… 2
  フランキンセンス …………………………… 1
  色：紫

 意識を向上させるため、霊性を高めるため、浪費、過食、気だるさ、あらゆるアンバランスな物質主義への執着と闘うために、この風呂に入ります。

PART Ⅱ　手順とレシピ

🌿 LOVE BATH／愛のハーブバス

　　ローズマリー　……………………… 3
　　ラベンダー　………………………… 2
　　カルダモン　………………………… 1
　　ヤロウ　……………………………… 1
　　色：ピンク

　愛を高めて惹きつけるために、この風呂に入ります。他と同様に、魔法の目的をイメージしながら使ってください。

🌿 LUST BATH／欲望のハーブバス

　　サンダルウッド　…………………… 3
　　パチョリ　…………………………… 2
　　カルダモン　………………………… 1
　　色：赤

　性欲を促すために使います。

🌿 PROTECTION BATH／防御のハーブバス

　　ローズマリー　……………………… 3
　　フランキンセンス　………………… 2
　　ラベンダー　………………………… 1
　　色：白

　精神的な防御を強めるために、そして肉体的、心理的、精神的、感情的なあらゆる攻撃を回避するために、毎日この風呂に入ります。

🌿 PSYCHIC BATH／サイキック・ハーブバス

　　ヤロウ　……………………………… 4
　　ベイ　………………………………… 1

色：ライトブルー

霊的な覚醒を促すために使います。

🌿 PURIFICATION BATH ／浄化のハーブバス
　　　ゼラニウム　……………………… 3
　　　ローズマリー　…………………… 2
　　　フランキンセンス　……………… 1

肉体、精神、魂の浄化のために、この風呂に入ります。

🌿 SEA WITCH BATH ／海の魔女・ハーブバス
　　　ロータスのブーケ　……………… 3
　　　ラベンダー　……………………… 2
　　　ローズマリー　…………………… 1
　　　色：ダークブルー

塩のベースに海塩を少し加えます。魔術前の穏やかな浄化のために、この風呂に入ります。

🌿 SPIRITUAL BATH ／霊性のハーブバス
　　　サンダルウッド　………………… 4
　　　ミルラ　…………………………… 2
　　　フランキンセンス　……………… 1
　　　シナモン　………………………… 1滴
　　　色：紫

とりわけ宗教儀式の前、神性に目覚めるためにこの風呂に入ります。《**注意**：シナモンの精油は、１滴だけにしてください》

🌿 WATER BATH（ELEMENTAL）／水のハーブバス（四大元素）

カモミール ……………………………… 2
ヤロウ …………………………………… 2
イランイラン …………………………… 1
パルマローザ …………………………… 1
色：ダークブルー

　水の元素と同調するために、あるいは愛、精神的覚醒、友情、癒しなどのために、この風呂に入ります。

🌿 WATER BATH（ELEMENTAL）／水のハーブバス（四大元素）2（安価なタイプ）

パルマローザ …………………………… 2
サンダルウッド ………………………… 1
ミルラ …………………………………… 1
センテッドゼラニウム ………………… 1
色：ダークブルー

　前項と同じ。

Brews
ブリュー(魔法のハーブ水)

　深夜。嵐の空に走る稲妻。丘の上では3羽のハヤブサが、巨大な大釜に身を乗り出しています。ハヤブサたちは、有害なハーブ、毒を持つ爬虫類、ヘビの毒など、嫌な匂いのする材料を煮えたぎる湯の中に放り込み、湯気が上がって風が悪魔のようにうなると、鳴き声をあげます。

　ウィリアム・シェイクスピアのような作家たちのおかげで、このような秘薬を作る場面はよく知られています。彼らはそんな鮮烈でばかげたイメージを、私たちの心にしっかりと植えつけました。

　ブリュー(薬としても知られている)は、ハーブティーのように平凡とも言えますし、虹色に輝く珊瑚礁のように神秘的とも言えます。それらは昔の魔術的、儀式的、医薬的な調合に端を発しており、数千年前と同様、現在でも効果があります。

　ハーブの魔法において、ブリューはハーブティーなどと大差はありません。大がかりな火は必要なく、コンロや裏庭で燃やす火で充分です。

　この項で紹介するブリュー(魔法のハーブ水)は、さまざまな用途に応じて様々な方法で活用されています。飲んだり、風呂に入れたり、空気中に香り高い蒸気を放ち、ハーブの香りで満たしたりするために使われるものもあります。

水

　ブリューに使われる水の種類は重要です。水道水よりも、湧き水や蒸留水が好ましいでしょう。瓶入りのものを買ったり、汚染されていない流水ならば水源から取ってきたりすることもできます。スモッグの地域でなければ、雨水は

理想的です。水道水は最後の手段にはなりえますが、できれば蒸留水を買ってください。

本書の初版で私は、蒸留水は医薬品の調合に使われるもので、「純度は高いが生気がないため魔術には不向き」と書きました。なぜ気が変わったか、わかりますか？　ブリューを飲むなら煎じていなくても、塩素処理やフッ素添加され、バクテリアでいっぱいの水道水よりも蒸留水はずっとよいのです。ですが水道水しかなければ、それを使ってください。

海水やミネラルウォーターはミネラル含有量が高いため、おすすめできません。

煎じる

加熱

火、ガスの炎、コンロのコイルは熱源に向いています。電子レンジでも煎じることはできるでしょうが、最善策ではありません。少なくとも、製作過程において生まれる魔力は軽減されます。

あなたが古風なタイプなら、暖炉や野外の火でブリューを作ってみるのもいいでしょう。

容器

作っているあいだ、水とハーブが金属に直接触れないことが望ましいのですが、薬草学にはまれに例外があります。ひとつは大釜の使用で、現在ではほとんど実践されていません。二重鍋で作られるハーブ製品は、金属の鍋を必要とすることがあります。ですが、普通は金属を避けます。

透明なガラス瓶は、太陽光線の注入に使うとよいでしょう。水とハーブを瓶に入れて、直射日光のもと、できれば屋外に置くだけです。半日以上、置いておきます。ここに含まれるブリューのいくつかは、さまざまな色のガラス瓶で作られます。

ブリュー（魔法のハーブ水）

　この項で紹介したすべてのブリューが、以下の方法で作られるわけではありません。それぞれ与えられた指示に従ってください。

　基本的なブリューは、ハーブを集め、すりつぶし、混ぜます。飲むためには別々の乳鉢と乳棒を使い、大切な魔法のハーブをひとつにまとめないでください。

　魔法の目的を方向づけたあなたのパワーを、ハーブに注ぎ込みましょう

　まず、約2カップの水を沸騰させます。パワーを注入して混ぜたハーブを、金属容器ではないティーポットか耐熱容器にひとつかみ入れ、そこに湯を注ぎます。そして気密性のある、蓋（金属製ではないもの）をします。約13分間ハーブを煎じ、それからガーゼか竹ざるで漉して、指示通りに使いましょう。

　ブリューはできるだけすぐに使ったほうがよいですが、冷蔵庫で3～4日保存することもできます。それを過ぎたら土に戻し、新しいものを作りましょう。

　「愛」の媚薬について。誰かを虜にしたり、恋に落ちたりするブリューはありませんが、抑制を緩め感情をリラックスさせるブリューは長いあいだ利用されてきました。また、長期の恋愛や結婚生活でのトラブルを丸く収めてきたものもあります。そうしたレシピも以下には含まれていますが、これは愛の媚薬ではありませんよ！

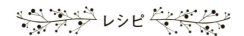

レシピ

APHRODISIA:A PASSION DRINK ／官能：情熱のドリンク

ローズマリー	ひとつまみ
タイム	ふたつまみ
ブラックティー（紅茶）	ティースプーン2杯
コリアンダー	ひとつまみ
生のミントの葉	3枚
（あるいは乾燥ミント	ティースプーン1/2杯）
生のローズのつぼみの花びら	5枚

（あるいは乾燥したもの　………　ティースプーン 1/2 杯）
　生のレモンツリーの葉　………　5 枚
　（あるいは乾燥レモンピール　………　ティースプーン 1 杯）
　ナツメグ　………………………　3 つまみ
　オレンジピール　………………　3 切れ

すべての材料をティーポットに入れ、3 カップほどの水を沸かしてポットに注ぎます。甘くしたければ、はちみつを加えてください。温かい状態で飲みます。

🌿 APHRODISIA ／官能 2
　ローズの花びら　………………　5
　クローブ　………………………　1
　ナツメグ　………………………　1
　ラベンダー　……………………　1
　ジンジャー　……………………　1

いつものやり方で、できれば陶器のポットを使ってください。情熱を高めるために、お茶に混ぜるか、そのままで飲みます。

🌿 CAULDRON OF CERRIDWEN BREW
　／ケリドウェン（ケルト伝説の魔女）の大釜のブリュー（要注意！）
　エイコーン（ドングリ）☠
　バーリー（オオムギ）
　はちみつ
　アイビー ☠
　クリスマスローズ ☠
　ベイ

焚き火で大釜に湯を沸かし、すべての材料を入れます。その前に座り、うっとりと炎を見つめてください。神秘的な匂いを嗅ぎ、知恵を受け取りましょう

（飲んではいけません。有毒です！）。

CAULDRON OF CERRIDWEN BREW ／ケリドウェンの大釜のブリュー（非毒性）

　　ベイ ……………………………… 1
　　タバコ ……………………………… 1
　　ダミアナ ……………………………… 1
　　モルモンティー ……………………………… 1
　　ブルーム（エニシダ） ……………………………… 1

前項の指示に従って使います。

CLAIRVOYANCE BREW ／千里眼のブリュー

　　ローズの花びら ……………………………… 3
　　シナモン ……………………………… 1
　　ナツメグ ……………………………… 1
　　ベイ ……………………………… 1
　　マグワート ……………………………… 1

ティーポットに入れて熱湯を注ぎ、数分間蓋をして浸しておきます。蓋を開け、数秒間湯気の匂いを嗅ぎ（鼻をやけどしないように）、精神を覚醒させながら神秘的な香りをイメージして横になって予言します。湯気で精神を覚醒させながら、ほんの少しなら飲んでみてもかまいません。

DREAM TEA ／ドリーム・ティー

　　ローズの花びら ……………………………… 2
　　マグワート ……………………………… 1
　　ペパーミント ……………………………… 1
　　ジャスミンの花 ……………………………… 1
　　シナモン ……………………………… 1/2

よく混ぜ、ティースプーン1杯をカップに入れます。熱湯を注ぎ、数分間蓋をして浸しておきます。霊的な夢を見るために、寝る前に飲んでください。

EXORCISM BREW／魔除けのブリュー（要注意！）

　　　ローズマリー　…………………… 3
　　　ベイ　……………………………… 1
　　　カイエンヌペッパー（赤唐辛子）☠ …… ひとつまみ

よく混ぜ、ティースプーン1杯をカップに入れ、熱湯を注ぎます。9分間、蓋をして浸しておきます。1日にティースプーン数杯を飲むか、あるいは風呂に入れます。
《注意：カイエンヌペッパーは強いハーブなので要注意！　敬意と注意を払って使ってください》

ISIS HEALING BREW／イシスのヒーリングのブリュー

　　　ローズマリー　…………………… 1
　　　セージ　…………………………… 1
　　　タイム　…………………………… 1
　　　シナモン　………………………… 1

青いガラスの瓶にきれいな水を半量入れます。細かくしてパワーを注入したハーブを加え、1日、日光に当ててください。日没までにハーブで水の色が変われば使用可能です。色が変わらなければ、ひと晩冷蔵庫に入れ、翌日また日光に当てます。それを漉してください。身体に塗るか、風呂の湯に入れ、自分が健康であることをイメージします。

KERNUNNOS PROTECTION BREW
／ケルヌンノス（ケルト神話の狩猟の神）の防御のブリュー

　　　パインニードル（マツバ）　……………… 1
　　　キャラウェイ　……………………………… 1

ブリュー（魔法のハーブ水）

ベイ ……………………………………… 1
バジル …………………………………… 1
アニス …………………………………… 1

　赤いガラスの瓶に水を半量入れ、ハーブを浸して日光に当てます。漉して風呂の湯に入れるか、あるいは防御のために身体に塗ってください。また、お守りや護符などにも塗ります。

LOVE WINE／愛のワイン

シナモン ………………………………… ティースプーン3杯
ジンジャー ……………………………… ティースプーン3杯
バニラビーンズ ………………………… 1インチ（約3センチ）
赤ワイン ………………………………… 2カップ
ルバーブの絞り汁（あれば） ………… ティースプーン2杯

　バニラビーンズは長さで換算します。ハーブをバニラビーンズと一緒に赤ワインに加えてください。あればルバーブの絞り汁を加え、3日間置いてから取り出します。

MONEY BREW／お金のブリュー

サッサフラス …………………………… 3
シーダー ………………………………… 2
オールスパイス ………………………… 1
クローブ ………………………………… 1
ディル …………………………………… 1
ベチバー ………………………………… 1
カラムス（ショウブ） ………………… 1

　緑色のガラスの瓶にきれいな水を半量入れ、パワーを注いだハーブを混ぜたものをひとつかみ加えます。しっかりと蓋を閉め、日光の当たる場所に1日置

いておきます。夜に水の匂いを嗅いでみてください。香りが強ければ、漉してバスタイムに使ったり、手を洗ったり、お金のお守りに塗ったりします。まだ香りが強くなければ、ひと晩冷まして次の日もう一度、日光に当てます。

MOON BREW ／月のブリュー

銀製の容器を水で満たしたものを満月の夜、月が昇ると同時（日没時）に用意します。ひと晩、水に月光を吸収させてください。夜明け前に起きてその水を陶器の壺に入れ、しっかりと栓をします（日光には当てないでください）。愛のために風呂に入れたり、富を得るためにお金に塗ったり、サイキック能力を向上させるために額につけたりしてください。霊的な波動と同調するため、あるいは月に関係する儀式の前に風呂へ入れます。

PROTECTION BREW ／防御のブリュー（要注意！）

ルー	3
ローズマリー	2
ベチバー	1
ヒソップ	1
ミスルトー（ヤドリギ）☠	1

通常通りに煎じてから漉し、家中の窓やドアに塗ります。残りは排水管の保護のため、排水口に流してください。飲んではいけません！

PSYCHIC TEA ／サイキック・ティー

ローズの花びら	3
ヤロウ	2
シナモン	1

煎じて漉し、占いや、サイキック能力を高めるような作業の前や最中に飲みます。

ブリュー（魔法のハーブ水）

🌿 PURIFICATION BREW／浄化のブリュー

　　バーベイン（クマツヅラ）
　　ルー
　　ローズマリー
　　オーク
　　パイン
　　アカシア樹脂
　　ローズ
　　クローブピンク
　　タイム
　　バジル
　　ジャスミン

　聖なる植物を9種類集め（上記を参考に）、非金属製のポットかボウルに入れます。雨水（あるいはきれいな水）を加えてハーブを浸し、3日間蓋をして光をさえぎります。それを漉して、浄化のために家や他人や自分に振りかけてください（詳しくは、PART Ⅱ「レシピ集」の「アスペルガー」のレシピを参照）。

🌿 PURIFICATION BREW／浄化のブリュー2

　　レモンバーベナ　………………………… 1
　　乾燥レモンピール　……………………… 1
　　カモミール　……………………………… 1

　煎じて、浄化のために儀式前に飲みます。少量のレモンの絞り汁や、ティースプーン1杯のはちみつか砂糖を加えてもかまいません（ペルーのシャーマンは、浄化のために儀式で砂糖を使っています）。

🌿 RAINBOW BREW ／虹のブリュー

　雨のとき、雲が切れるのを待って虹を探しましょう。見つけたら、皿か非金属製の鍋を外に置き、雨を受け止めます。虹がかかっているあいだも雨が降っていたら、雨水を儀式用に取っておいてください。それは虹の出現によって祝福された水です。虹はすべての色を含んでいるので、この水はあらゆる魔法に使えます。瓶に入れてラベルを貼っておきましょう。魔法の目的をイメージしながら、それをバスタイムで使ったり、身体や手に塗ったりしてください。

🌿 SLEEP BREW ／睡眠のブリュー

　　　ローズの花びら ……………………… 1
　　　コモンマートルの葉 ………………… 1
　　　バーベイン …………………………… 1

　ローズの花びらをポットの水に3日間浸します。毎日花びらを足してください。3日目、日の出とともにコモンマートルの葉とバーベインを加えて1日浸します。その日の夜、就寝前にポットから3杯ほどの水を手ですくいあげ、額を濡らしてください。これで悪夢に悩まされることはありません。なくなるまでこの水を使い、必要ならまた作ります。

🌿 SOLAR CLEANSING BREW ／日光洗浄のブリュー

　　　ファーン ……………………………… 2
　　　ジュニパー …………………………… 2
　　　ローズマリー ………………………… 2
　　　クミン ………………………………… 1
　　　ヤロウ ………………………………… 1
　　　ペッパー ……………………………… 1
　　　ルー …………………………………… 1

　細かくして混ぜ、パワーを注入したハーブを赤い瓶に入れ、水を半量ほど加

えます。日光のもとに置き、浸してから漉します。浄化のため、ひと月に3〜4日、日の出とともに家の周囲にその水を撒きます。

SUN WATER／太陽の水

きれいな水を入れたコップかガラス容器を夜明けに外へ出し、日光の当たる場所に置いておきます。日没時、瓶に入れて栓をします。日当たりのよい場所に保管してください。エネルギーを受け取るために風呂に入れたり、邪悪なものを取り去るために家の周囲に撒いたり、浄化のために身体に塗ったりします。

Ritual Soaps
儀式用石鹸

　キャンドルの明かりのもと、あなたはハーブの香りのお湯を満たした浴槽に浸かり、魔法の準備をしています（インセンスの煙が漂う中で、魔法の目的を心でイメージしながら行います）。蒸気が立ちのぼり、花、種、根、葉の香りやエネルギーが、そこには満ちあふれていることでしょう。

　そしてバスタイムも終盤に近づき、石鹸に手を伸ばすと、うんざりするほど甘ったるく、人工的な香りがするのです。これでは集中力が途切れ、儀式の準備から気持ちがそれてしまいます。

　あなたはそのような経験をしたことはありませんか？　私はあります。石鹸で洗うことは魔法のバスタイムに不可欠ではありません。ですが、ふさわしい石鹸を使えば、あらゆる魔法の効果をあと押ししてくれます。儀式の前に風呂に入らなくても、手は洗ったほうがいいでしょう。ささいな浄化の儀式ですら、儀式的な意識の覚醒をもたらしてくれます。その際には魔法の石鹸を使うのが理想的です。

　では、そんな石鹸はどこで手に入るでしょうか？　スーパーマーケットではありません。自宅で作るのです。今では作り方を知る人は少ないですが、それはとても楽しい作業です。

　市販の石鹸の多くは、腐食性の化学薬品で形成されています。肌がヒリヒリしたり、不快なほど匂いが強かったりします。儀式用石鹸は魔法用品店などでよく見られますが、なぜ自分で作らないのでしょうか？

　心配はいりません。さびれた片田舎でパチパチと音を立てて煮えたぎる大釜を使う必要はありません。悪臭で隣人を怒らせたり、アルカリ溶液で手をやけどしたりしたい人でなければ、自然なキャスティール石鹸を使うのが一番で

しょう。それらはドラッグストアやマーケットなどで手に入ります。またオイルやブリューを石鹸に加えましょう。魔法は香りと、石鹸にパワーを注ぎ込むことから得られます。

　純粋なキャスティール石鹸は、通常ココナッツ・オイルでできています。フィリピンで作られている、カークのココナッツ・キャスティール石鹸が理想的です。キャスティール石鹸（スペインの地名カスティーリャが名前の由来）はオリーブ・オイルからも作られますが、私はそちらを使ってうまくいったためしがありません。

　どのようなキャスティール石鹸でも、肌を乾燥させることがあります。特に乾燥肌の人は、ティースプーン1、2杯のアプリコット・オイル、アーモンド・オイル、ココナッツ・オイルなどのオイルを水に加えておいてください。

　儀式用石鹸には2種類あります。球形のものと液体のものです。それぞれの作り方は次の通りです。

儀式用石鹸　球形タイプの作り方

　鋭い幅広のナイフを使い、100グラムほどの棒状のキャスティール石鹸を、1.6平方センチメートル以下の小片に切り分けます。小さければ小さいほど（立方体であれば）望ましいです。それらを非金属製の耐熱容器に入れます。

　1／3カップ弱の水をほぼ沸騰するまで熱し、冷めないうちに切り分けた石鹸に注ぎます。触れる程度に湯が冷めるまで置いてから、石鹸と水を手で混ぜます。石鹸の小片が湿りますが、水面に浮かんではいけません。もし浮かぶようなら石鹸を足してください。

　石鹸がドロドロになるまでおよそ9分間、そのまま置いておきます。石鹸がまだ固ければ、水の入った鍋に容器を入れて火にかけ、柔らかくなるまでゆっくりと温め直します。

　石鹸が溶けているあいだにオイルを混ぜ、魔法のパワーを注入します。それから20～50滴ほどの複合オイルを、石鹸と水を混ぜたものに加えます。水が温かいとオイルが蒸発するので、冷めるまで待ってから完全に混ぜましょう。強い香りがしてくるでしょう。香りが弱ければ、オイルを足してください。

PART Ⅱ　手順とレシピ

　キャスティール石鹸に入っている防腐剤の匂いに打ち勝つため、必要なオイルの量は、その質と香りの強さで決まります。オイルの香りがするまで加えてください。
　香りのついた石鹸のかたまりを3つか4つに分け、手で球形にします。約20センチ四方のガーゼの上にそれぞれを置いて、ガーゼの端を球の上でねじり合わせるようにしっかりと包み込み、端を結びます。他の球も同じようにします。
　それを3日間、あるいは石鹸が完全に固まるまで、暖かい場所に吊るしておきます。指で押しても跡がつかなくなったら、ガーゼを外して完成です。これでもう、石鹸はバスタイムの儀式に使えます。きれいなガーゼに包み直してラベルを貼り、友だちにプレゼントしてもいいでしょう。

儀式用石鹸　液体タイプ1の作り方

　大手メーカーの積極的な宣伝のおかげで、液体石鹸は今や広く使われています。ですが市販の石鹸は合成洗剤であり、あなたの手にとって1番よい素材ではありません。
　広告代理店は液体石鹸をまるで新しいもののように宣伝しますが、本当は普通の石鹸と同じくらい古くから存在します。アメリカ先住民は、ユッカと泡立つ植物を水の中でかき混ぜ、洗浄液を作りました。古代ハワイ人はワイルドジンジャープラントの花を同じ用途に使いました。サポニン（石鹸の原材料となる）を含む植物は世界中にたくさんあり、それが唯一の石鹸だった地域も多くありました。ですが液体の儀式用石鹸のベースは、やはりキャスティール石鹸を使いましょう。作り方は以下の通りです。

　キャスティール石鹸をすりおろします。それを計量カップに詰め、正確に1カップ量ります。必ずきちんと詰め込んでください！
　3カップの水を沸騰するまで温め、石鹸を入れます。火を止めて、できれば木製、なければ金属製の泡立て器で泡立て、石鹸を完全に溶かします。
　冷めるまで置いてから、混ぜながらパワーを注いだ複合オイルを50～60滴加えます。量は前後してもかまいません。香りが強くなってきたら、オイルを加

えるのをやめましょう。

　漏斗(じょうご)を使って、液体石鹸を瓶に入れ、蓋をしてよく振ります。ラベルを貼って、必要なときに使います。

儀式用石鹸　液体タイプ２の作り方

　ハーブを使ったブリューでも魔法の液体石鹸を作ることができます。作り方は、こちらです。

　３カップのお湯（以下のレシピにあるオイルではなく）に、乾燥させて細かくし、混ぜてパワーを注ぎ込んだハーブを大さじ５～６杯加えます。火からおろし、10～13分浸して裏漉しします。それから弱火で再加熱し、キャスティール石鹸を削ったものを１カップ加え、泡立てて冷まします。これで完成です。

　残念ながらハーブを使ったブリューは、キャスティール石鹸と混ぜると、香りが劇的に変化してしまいます。試しにやってみてください。それが気に入らなければ、ハーブのオイルを数滴加えて香りを強めにしてください。

　液体石鹸の使い方は、両手を濡らし、石鹸を数滴つけるだけです。すぐに泡立ち、肌は清潔でいい香りになるでしょう。

　以下はレシピです。ご覧のように、無限の組み合わせが考えられます。本書のオイルのレシピの大半は石鹸に使えるものです。基本をマスターすれば、他のタイプも作ることができますし、儀式に備えて手元に置いておけます。

　これらのレシピのいくつかは、石鹸（あるいは水混合液）を作るのに、普通の水の代わりにローズウォーターあるいはオレンジフラワーウォーターの使用を勧めています。使っても使わなくてもかまいませんが、使う場合は本物のオレンジフラワーあるいはローズの精油で香りづけした水だけを使ってください。

　未使用の石鹸は、祭壇の下に戸棚などがあれば、そこに保管しましょう。

　儀式用の石鹸はパワーを注ぎながら使うことを忘れずに。石鹸で洗いながら、魔法の目的を明確にイメージしてください。

レシピ

🌿 ISIS SOAP／イシスのハーブソープ

　　ミルラ ………………………………… 3
　　フランキンセンス ……………………… 2
　　ロータスのブーケ ……………………… 1

　エジプトやイシスの儀式前に使います。また、精神を覚醒させるために洗います。石鹸を溶かす水の代わりにローズウォーターを使うこともできます。

🌿 LOVE SOAP／愛のハーブソープ

　　センテッドゼラニウム ………………… 4
　　パルマローザ …………………………… 3
　　ネロリ …………………………………… 2
　　ジンジャー ……………………………… 1

　愛を惹きつけるために、あるいは愛の儀式前に、この石鹸で洗います。これもまた、普通の水の代わりにローズウォーターを使うことができます。

🌿 LUCK SOAP／幸運のハーブソープ

　　ベチバー ………………………………… 2
　　オレンジ ………………………………… 1
　　ナツメグ ………………………………… 1

　自分の「運」を変えるために、あるいはポジティブなエネルギーを人生にもたらすために洗います。普通の水の代わりにオレンジフラワーウォーターを使ってもよいでしょう。

🌿 MONEY SOAP ／お金のハーブソープ

- パチョリ 3
- ペパーミント 2
- バジル 1
- パイン 1
- シナモン 1

お金を引きつけるために、毎日これで手を洗います。あるいは、お金を呼び寄せる儀式前に使います。

🌿 MOON SOAP ／月のハーブソープ

- サンダルウッド 3
- カンファートゥリー 2
- レモン 1
- ユーカリ 1

満月の儀式前に、月のエネルギーと同調するために使います。

🌿 PROTECTION SOAP ／防御のハーブソープ

- ローズマリー 4
- バジル 3
- フランキンセンス 1
- ベイ 1
- ミント 1

防御する必要を感じたときや守護の呪文の前に、この石鹸で毎日洗います。

🌿 PSYCHIC SOAP ／サイキック・ハーブソープ

- レモングラス 3
- ベイ 2

シナモン ……………………………… 1

精神を覚醒させたいとき、とりわけ占いやサイキックな作業の前に、この石鹸で洗います。

🌿 SABBAT SOAP／サバトのハーブソープ

  サンダルウッド ……………………… 4
  ローズマリー ………………………… 3
  パチョリ ……………………………… 2
  シナモン ……………………………… 1
  ミルラ ………………………………… 1
  ベイ …………………………………… 1
  レモン ………………………………… 1
  ジンジャー …………………………… 1

サバト前の儀式用のバスタイムで使うか、あるいは魔法の浄化として使います。

🌿 WITCH'S SOAP／魔女のハーブソープ

  ローズマリー ………………………… 3
  パイン ………………………………… 2
  シナモン ……………………………… 1
  オレンジ ……………………………… 1

パワーを高めるあらゆる儀式前に、この石鹸で洗います。

Sachets or Herbal Charms
サシェ、ハーブのお守り

　ハーブのお守り（あるいは魔除けや護符）としても知られる魔法のサシェには、ハーブや他の材料が小さな布きれに包まれて入っています。

　何らかのエネルギーや病気を撃退するサシェもあれば、特定の状況やパワーを引き寄せるものもあります。この改訂版では、星座のポジティブな面を重視したい人々が使う占星術のサシェも含まれています。パワーを高めるために毎日身につけたり、魔法であなたを表現するために祭壇に飾ったりもできます。

　サシェは簡単に作ることができますが、そこには長い歴史があります。昔からいつも布が使われるわけではありません。ハーブは角、貝殻、革、毛皮、ロケットペンダントなどで持ち運ばれました。宝石の下に適切なハーブを置けば、魔法の指輪もサシェになります。そのため、宝石とハーブの両方のエネルギーが魔法の達成を目指してくれます。ハーブは防御の目的で布に縫い込むこともできます。

サシェを作る

　サシェを作るには、入れる物のサイズに合わせて、ひと握りかそれ以下のハーブのブレンドがあれば充分です。家庭用のサシェは携帯用より大きくなる場合が多いでしょう。

　まず、ハーブを混ぜます。魔法の目的に従ってパワーを注入します。ハーブは、目的達成に向かって解放される特定のエネルギーで振動していることを覚えておいてください。

　次に適切な色の布を選びます。フェルト、ウール、綿など、天然素材を選び

PART Ⅱ　手順とレシピ

ましょう。ポリエステルのような合成物質は、ハーブの振動を妨げるようです。布を10〜20センチ四方の正方形に切り、中心にハーブを置いて、布の両端をしっかりと結び合わせます。ハーブを布の中に閉じ込め、毛糸や綿のより糸で袋を縫い合わせてください。

様々な色の毛糸や布を大量に集めておくと役に立ちます。フェルトは色の種類が豊富で使いやすいでしょう。

サシェを使用する

個人のお守りなら、手で軽く握って香りを放ちながら常に持ち歩いてください。家や車用であれば、握ってから最も適切な場所に置きましょう。

3カ月程度で新しいサシェと交換し、古いものは中身を出して土の中に埋めます。

レシピ

ANTI-SORCERY SACHET ／魔術に対抗するサシェ

　　ディル・シード ……………………………… 1
　　フラックス・シード ………………………… 1
　　ピオニー・シード …………………………… 1

白い布で包んで身につけるか携帯します。あるいはドアや窓に吊るしておきます。

ANTI-SORCERY SACHET ／魔術に対抗するサシェ 2

　　トゥリフォイル（クローバー） ………… 1
　　バーベイン …………………………………… 1
　　セントジョーンズワート …………………… 1

ディル ………………………… 1

白い布で包んで身につけます。家を守るために窓に吊るします。

🌿 ANTI-THEFT SACHET ／泥棒よけのサシェ

　　　ローズマリー ………………… 2
　　　ジュニパー …………………… 1
　　　キャラウェイ・シード ……… 1
　　　エルダー ……………………… 1
　　　ガーリック …………………… 1

白い布で包み、家と住人を守るために玄関へ吊るします。ガーリックの強い匂いが好きでなければ、砕いたガーリックの皮をひとつまみ使ってください。

🌿 ANTI-TOOTHACHE SACHET ／歯痛を鎮めるサシェ

　　　塩 ……………………………… 大さじ1杯
　　　パンくず ……………………… ひと切れ
　　　炭 ……………………………… 小片ひとつ

赤いシルクで包み、痛くなったら持ち歩きます。効果を確かめに歯医者へ行ってください！

🌿 AQUARIUS SACHET ／水瓶座のサシェ

　　　ラベンダー …………………… 3
　　　パチョリ ……………………… 2
　　　ベンゾイン …………………… 1
　　　メース ………………………… 1
　　　ミント ………………………… 1

これらをよく混ぜます。灰色かそれ以外で、好みのダーク系色の布で包みま

す。自分の星座のポジティブな面を強めるために、身につけるか携帯してください。

🌿 ARIES SACHET／牡羊座のサシェ

　　　クローブピンク ………………… 3
　　　ジュニパー ……………………… 2
　　　フランキンセンス ……………… 1
　　　フェンネル ……………………… 1
　　　クミン …………………………… 1

　パワーを注入したハーブを混ぜ、赤い布で包みます。自分の星座のポジティブな面を強めるために、身につけるか携帯してください。

🌿 CANCER SACHET（MOONCHILDREN）／蟹座のサシェ

　　　サンダルウッド ………………… 3
　　　ミルラ …………………………… 2
　　　ガーデニア ……………………… 1
　　　レモンバーム …………………… 1
　　　ガーデニアの花びら …………… 1

　白い布で包み、自分の星座のポジティブな面を強めるために、身につけるか携帯してください。

🌿 CAPRICORN SACHET／山羊座のサシェ

　　　ベチバー ………………………… 3
　　　サイプレス ……………………… 2
　　　バーベイン ……………………… 1
　　　ミモザの花 ……………………… 1
　　　コンフリー ……………………… 1

よく混ぜ、藍色や灰色や好みのダーク系色の布で包みます。自分の星座のポジティブな面を強めるために、身につけるか携帯してください。

🌿 CAR PROTECTION SACHET／車を守るサシェ

  ローズマリー …………………………… 2
  ジュニパー ……………………………… 2
  マグワート ……………………………… 1
  コンフリー ……………………………… 1
  キャラウェイ …………………………… 1
  先の尖った小さな水晶 ………………… ひとつ

赤い布で包み、車内のどこか見つからない場所に隠します。そして安全運転をしましょう。サシェは運転手の失敗を防いでくれるわけではありません。数カ月後、サシェを開き、水晶を（浄化のインセンスなどを使って）清め、新しいサシェに入れてまた使ってください。

🌿 CAR PROTECTION SACHET／車を守るサシェ 2

  ローズマリー …………………………… 3
  ジュニパー ……………………………… 2
  バジル …………………………………… 2
  フェンネル ……………………………… 1
  マグワート ……………………………… 1
  バーベイン ……………………………… 1
  塩 ………………………………………… ひとつまみ

前項と同じ。

🌿 GAMES OF CHANCE SACHET／強運のサシェ

  パチョリ ………………………………… 3

ナツメグ	2
ジャスミンの花	1
クローブ	1
シンクフォイル	1
ロードストーン（磁鉄鉱）	小さいものひとつ

　パワーを注入したハーブを緑色の布で包み、将来の利益を見込んで投資、賭け事、投機などに挑戦するときに携帯します。

GEMINI SACHET／双子座のサシェ

ラベンダー	3
ミント	2
マスティックガム	2
クローバー	2
ディル・シード	1
アニス	1

　黄色の布で包み、自分の星座のポジティブな面を強めるために、身につけるか携帯してください。

HEALING SACHET／ヒーリングのサシェ

シナモン	2
サンダルウッド	2
ローズの花びら	1
カイエンヌペッパー	1
ジンジャー	1
ルー	1

　よく混ぜ、青か紫の布で包みます。小袋にユーカリ・オイルを塗り、身につけるか、夜にベッドの近くに置いてください。

🌿 HOME PROTECTION SACHET／家を守るサシェ

　　　ローズマリー　………………………　3
　　　バジル　……………………………　3
　　　フェンネル・シード　………………　2
　　　ディル・シード　……………………　2
　　　ベイ　………………………………　1
　　　ファーン　…………………………　1
　　　塩　…………………………………　ひとつまみ

赤い布で包み、家の中の最も高い場所に置きます。

🌿 HOME PROTECTION SACHET／家を守るサシェ 2

　　　フリーベイン　………………………　1
　　　セントジョーンズワート　……………　1
　　　ケッパー　……………………………　1（使う前に乾燥させる）
　　　全粒粉小麦　…………………………　少量

古代中東の魔術から生まれたこのブレンドは、赤い布で包み、玄関へ吊るしておきましょう。

🌿 LEO SACHET／獅子座のサシェ

　　　オレンジピール　……………………　2
　　　シナモン　……………………………　2
　　　フランキンセンス　…………………　1
　　　ナツメグ　……………………………　1
　　　ジュニパー　…………………………　1
　　　アラビアガム　………………………　ひとつまみ

オレンジか金または、赤の布で包み、自分の星座のポジティブな面を強める

ために、身につけるか携帯してください。

🌿 LIBRA SACHET／天秤座のサシェ

　　スペアミント　…………………… 2
　　キャットニップ　………………… 2
　　ローズの花びら　………………… 2
　　マジョラム　……………………… 1
　　タイム　…………………………… 1
　　マグワート　……………………… 1

　黄色の布で包み、自分の星座のポジティブな面を強めるために、身につけるか携帯してください。

🌿 LOVE SACHET／愛のサシェ

　　ラベンダー　……………………… 3
　　ローズの花びら　………………… 2
　　オリス・ルート　………………… 1

　ピンクの布で包み、衣類の中に置いて、愛の香りが移るようにします。あるいは愛を惹きつけるために身につけます。

🌿 LOVE SACHET／愛のサシェ2

　　ローズの花びら　………………… 3
　　オレンジの花　…………………… 2
　　ジャスミンの花　………………… 1
　　ガーデニアの花　………………… 1

　前項と同じ。

LOVE "SPECIAL" SACHET ／"特別な"愛のサシェ

  ローズの花びら …………………… 4
  オレンジピール …………………… 1
  クローブピンクの花びら ………… 1/2
  ベイビーズブレス ………………… ひとつまみ

よく混ぜ、ピンクの布で包んで身につけます。

MONEY SACHET ／お金のサシェ

  パチョリ ……………………………… 3
  クローブ ……………………………… 2
  オークモス …………………………… 1
  シナモン ……………………………… 1

緑の布で包み、お金を引き寄せるために持ち運びます。

NIGHTMARE CURE ／悪夢からの救済（要注意！）

  ルピネ ………………………………………… 1
  ヘレニウム（ヘリオトロープあるいはヒマワリ）……… 1
  マーシュマロウ（ウスベニタチアオイ）………… 1
  ドック ………………………………………… 1
  エルダー ……………………………………… 1
  ワームウッド（ニガヨモギ）………………… 1
  ストロベリーの葉 …………………………… 1
  ユーベリー ☠ ………………………………… 1

水色か白の布で包み、ベッドヘッドの近くの支柱に吊るします。

PISCES AMULET ／魚座の魔除け

  サンダルウッド ……………………… 3

セージ	2
ユーカリ	1
アニス	1
レモン	1

　紫の布で包み、自分の星座のポジティブな面を強めるために、身につけるか携帯してください。

PROTECTIVE SACHET／防御のサシェ

ディル・シード	3
キャラウェイ・シード	2
フラックス・シード	1
塩	ひとつまみ

　白か赤の布で包み、防御のために携帯します。

PROTECTIVE SACHET／防御のサシェ2

マジョラム	2
アンゼリカ・ルート	1
ディル・シード	1
クローブ	1

　白い布で包み、窓に置きます。

SACRED BUNDLE SACHET／神聖なサシェ

カチャナ・ルート	3
乾燥チリペッパー	ひとつ
コーン	ひと粒
粉末ターコイズ	ひとつまみ

白い布で包み、家を守りパワーを注ぐために、玄関の近く（あるいは植木鉢の中）に埋めます。

SAGITTARIUS SACHET／射手座のサシェ

  サッサフラス …………………………… 3
  シーダー ………………………………… 2
  クローブ ………………………………… 2
  スターアニス …………………………… 1
  ドラゴンズブラッド …………………… 1
  ジュニパー ……………………………… 1

紫の布で包み、自分の星座のポジティブな面を強めるために、身につけるか携帯してください。

SCORPIO SACHET／蠍座のサシェ

  パイン …………………………………… 3
  ミルラ …………………………………… 3
  ガランガル ……………………………… 2
  オールスパイス ………………………… 1
  スイートバイオレット（スミレ）の花 … 1
  バジル …………………………………… 1

明るい赤（好みで青）の布に包み、自分の星座のポジティブな面を強めるために、身につけるか携帯してください。

SPICY ROSE SACHET／スパイシーローズのサシェ

  ローズ（愛のために） ………………………… 1
  ローズマリー（思い出のために） …………… 1
  ハイビスカス（繊細な美しさのために） …… 1
  クローブ（威厳のために） …………………… 1

カモミール（逆境でのエネルギーのために）…… 1

ピンクの布で包み、愛する人に贈ります。

🌿 TAURUS SACHET／牡牛座のサシェ

　　　パチョリ ……………………………… 3
　　　オークモス …………………………… 2
　　　カルダモン …………………………… 1
　　　ローズの花びら ……………………… 1
　　　砕いたバニラビーンズ ……………… 1本分

黄色か青の布で包み、自分の星座のポジティブな面を強めるために、身につけるか携帯してください。

🌿 TRAVEL PROTECTION SACHET／旅のお守りのサシェ

　　　マスタードシード …………………… 1
　　　コンフリー …………………………… 1
　　　アイリッシュモス …………………… 1
　　　ブラダーラック（ケルプとしても知られる）… 1

白か黄色の布で包み、旅行のときに携帯します。スーツケースと衣装袋にも入れてください。

🌿 TWELVE-HERB YULE SACHET／ユールのハーブ12のサシェ

　　　ジュニパー …………………………… 7
　　　シナモン ……………………………… 4
　　　オールスパイス ……………………… 4
　　　ジンジャー …………………………… 4
　　　キャラウェイ ………………………… 4
　　　ナツメグ ……………………………… 2

ローズマリー	2
レモンピール	2
オレンジピール	2
クローブ	1
ベイ	1
オリス・ルート	ふたつまみ

緑か赤の布で包み、ユール（キリスト降誕祭）かサムハイン（ハロウィン）のプレゼントにします。

🌿 VIRGO SACHET／乙女座のサシェ

ラベンダー	3
パチョリ	2
サイプレス	2
キャラウェイ	1
ファーン	1
ミント	1

明るい黄色の布で包み、自分の星座のポジティブな面を強めるために、身につけるか携帯してください。

🌿 WEALTH SACHET／富のサシェ

シナモン	2
レモンバーム	2
シンクフォイル	1
クローブ	1
バニラビーンズの鞘	1本
トンカ	ひとつ

バニラビーンズを砕き、すべての材料を混ぜ、パワーを注ぎ込みます。紫か

緑の布で包んでください。経済的な豊かさを得るために持ち歩きます。

🌿 WEATHER PROTECTION SACHET／雨よけのサシェ（要注意！）

ミスルトー ☠	1
シーダー	1
ブルーム	1
ブライオニー	1

　白い布で包み、煙突の近く、屋根裏、あるいは家の中のどこか高い場所に吊るし、家と住人を悪天候の被害から守ります。

🌿 WITCH-FINDER TALISMAN／魔女を探すお守りのサシェ

ルー	1
アグリモニー	1
メイデンヘアファーン	1
ブルームストロー	1
グラウンドアイビー	1

　紫の布で包みます。あなたが孤独で、他の魔女仲間を探したいなら、これを身につけます。

Powders
パウダー

　パウダーは、昔から民間の魔術には不可欠でした。それは細かくしたハーブでできており、パワーを解放するために振りかけるものです。パウダーは燃えないインセンスであり、すり切れないサシェです。

　私は初版に2種類のパウダー・レシピを載せ、「Herb Magic Video」の一部もこのテーマに当てました。そして何年にもわたり、ときどきパウダーを使っていました。それでも、この項目は本当に必要だろうかという疑問を抱いてきました。

　本書を見直したあとでも、山ほどのレシピは言うまでもなく、ここまでに紹介した10種類の魔法用品についても多すぎるのではないかと思ったからです。いったいどれだけのハーブの魔法を人々が喜んで練習したり、あるいは少なくとも読もうとしたりするでしょうか？

　ですが魔法の香料についての入門書として完全版の本にするためには、パウダーの項目は必要だと結論づけました。さらに、パウダーの儀式的な使用の多くは特有のものです。そのため、この項をあえて設けることにしたのです。まずは、パウダーの作り方から教えましょう。

パウダーを作る

　レシピにあるハーブをできるだけ細かくします。粉末になったものを買えば時間の節約にはなりますが、それでは真に理解することにはなりません。

　ハーブを乳鉢ですり潰します。その長いプロセスのあいだに魔法で目標が叶ったことをイメージし、より明確にするのです。ハーブ製品にパワーを注入

することの必要性を、これまであまり述べていなかったかもしれません。繰り返しになりますが、パワーはハーブの中にも私たち自身の中にも存在しています。

パウダーやインセンスやオイルにパワーを注ぎ込みましょう。そしてイメージしながらプロセスに集中することで、魔法の目的をより明確にしていかなければ、できあがったものはわずかな効果しか生みません。パワーを注ぐのを忘れることは、魔法自体を忘れるようなものです！

さあ、ハーブを粉にして混ぜ合わせましょう。そこにパワーを注いだら、パウダーの準備は完了です。

パウダーを使用する

最も簡単な方法は、エネルギーが必要なところにパウダーを振りかけることですが、それ以外の方法もあります。以下がその一例です。

・あなたの周囲に、東から始まって時計回りに円を描くようにパウダーを撒きます。円の中心に座り、パウダーのエネルギーを吸収しましょう。
・クリスタルや石と連動させれば、パウダーを儀式に加えることができます。適切なパウダーをクリスタルの周囲に撒き、祭壇の上に置いてパワーをアップさせます。
・キャンドルに火を灯す前に、周囲にパウダーを振りかけ、エネルギーを強めます。
・呪文を唱える前に、祭壇の上に適切なパウダーを振りかけます。
・イメージの焦点として使うために、祭壇に決まった形で振りかけます。たとえば、防御のパウダーは五芒星の形、愛のパウダーはハート形、サイキック・パウダーは円形です。パウダーがしばらくその形で残ってしまっても問題はありません。

その他は、あなたの想像力が使い方を教えてくれるでしょう。ただ、パウダーはポジティブな目的にのみ使うということだけは覚えておいてください。エネ

ルギーは、あなたの財産、あなた自身、許可を得た他人に影響を与えるように。人を操ろうとする魔術はネガティブな魔術へと変貌し、それは術をかけた人に必ず跳ね返ってきます。それではパウダーのレシピを楽しみましょう！

注意：いくつかのパウダー、とりわけドラゴンズブラッドを含むものは、カーペット、シーツ、衣服などに染みをつけます。振りかけるときに充分に気をつけてください。

ASTRAL TRAVEL POWDER ／星の旅のパウダー

- サンダルウッド …………………… 2
- マグワート ………………………… 1
- シナモン …………………………… 1

寝ている間に星の旅ができるように就寝前にシーツと枕に振りかけます。

EXORCISM POWDER ／魔除けのパウダー

- バジル ……………………………… 3
- フランキンセンス ………………… 2
- ローズマリー ……………………… 2
- ヤロウ ……………………………… 1
- ルー ………………………………… 1

家中に、あるいは強い浄化や防御が必要な場所に振りかけます。

HAPPINESS POWDER ／幸せのパウダー

- ラベンダー ………………………… 2

キャットニップ ……………………… 1
マジョラム ………………………… 1

霊性を高めるために、このパウダーを床に円を描くように振りかけ、その中に座ってエネルギーを取り込んでください。それらがあなたを包み、喜びで満たしていることをイメージしてください。

🌿 HEALTH POWDER／治癒を高めるパウダー

ユーカリ ……………………………… 2
ミルラ ………………………………… 1
タイム ………………………………… 1
オールスパイス ……………………… 1

身体の治癒を早めるために、病床や病室内に振りかけます。あるいは祭壇に振りかけ、青いキャンドルを灯します。

🌿 LOVE POWDER／愛のパウダー

ヤロウ ………………………………… 3
ラベンダー …………………………… 3
ローズの花びら ……………………… 2
ジンジャー …………………………… 1

愛を惹きつけるために使います。シーツか寝室に振りかけてください。

🌿 LUCK POWDER／幸運のパウダー

ベチバー ……………………………… 2
オールスパイス ……………………… 2
ナツメグ ……………………………… 1
カラムス ……………………………… 1

人生にポジティブな変化をもたらすのに使います。

🌿 MONEY POWDER／お金のパウダー

シーダー ……………………………… 2
パチョリ ……………………………… 2
ガランガル …………………………… 1
ジンジャー …………………………… 1

お金を引き寄せるために、仕事場や財布やバッグに振りかけます。使う前のお金にすり込んでください。あるいは祭壇の上にパウダーで各通貨の記号を描き、そのシンボルの上で緑のキャンドルを灯します。

🌿 PROSPERITY POWDER／繁栄のパウダー

サッサフラス ………………………… 3
シナモン ……………………………… 2
パイン ………………………………… 1

あらゆる富を引き寄せます。

🌿 PROTECTION POWDER／防御のパウダー

ドラゴンズブラッド ………………… 2
サンダルウッド ……………………… 2
塩 ……………………………………… 1

よく混ぜ、ネガティブなものを一掃し追い払うために、自分の所有物の周辺に振りかけます。

🌿 PROTECTION POWDER／防御のパウダー2

マグワート …………………………… 2
フランキンセンス …………………… 2

ディル	1
ジュニパー	1
クミン	1

　防御の必要な場所に撒きます。個人の保護のためには、円を描くように振りかけてその中に立ち、ハーブのエネルギーを取り込んでください。防御のエネルギーを常に持ち続けるために、毎日行います。

🌿 PSYCHIC POWDER／サイキック・パウダー

ヤロウ	2
ローズの花びら	1
レモングラス	1
アイブライト	1

　内なる精神を覚醒させる前に、これを振りかけます。

🌿 SPIRITUALITY POWDER／霊性のパウダー

アロエウッド	2
フランキンセンス	1
ミルラ	1
サンダルウッド	1

　瞑想や、自分を覚醒させる儀式の前に部屋に振りかけます。青いキャンドルのまわりに円を描くように振りかけてください。

🌿 WISHING POWDER／望みが叶うパウダー

セージ	2
サンダルウッド	1
トンカ	1

ひと気のない場所で、パウダーを右手に握ります(左利きの場合は左手)。ハーブのエネルギーを感じ、願望を完璧にイメージしてください。自分の中にパワーをかき立て、それをパウダーに注ぎ込みます。パウダーがエネルギーで動くのを感じたら、できるだけ遠くへ飛ばしてください。パウダーが地上に触れたときエネルギーは解放され、あなたの願望を実現させようと働きます。

A Miscellany of Recipes
レシピ集

以下のレシピはどこにも分類できないので、ここにまとめて記載します。

 ASPERGER／アスペルガー（儀式で浄化の液体を撒くためのもの）
　　ミント
　　ローズマリー
　　マジョラム

　アスペルガーとは、生ハーブの束（詳しくは、巻末の「用語集」を参照）です。上記レシピの生ハーブを使ってアスペルガーを作ります。ハーブの小枝の茎を白い糸で束ねましょう。アスペルガーを使いながら、あなたや他人の家中にブリューを撒いてください。アスペルガーを使いながらイメージしましょう。またネガティブなものを一掃するために、家の周囲に塩水とともに撒きます。アスペルガーはウイッカや魔法の儀式に使われます。新鮮なアスペルガーを使ってください。

 **ASPERGER／アスペルガー2**
　　バーベイン
　　ペリウィンクル
　　セージ
　　ミント
　　アッシュ
　　バジル

前項と同様に、生ハーブの小枝を使います。若いヘーゼルウッド（まだ実をつけていない木から取ったもの）の茎を使って束ねて結び、前項と同じように撒きます。

BALEFIRE（a magical fire）／かがり火（魔法の火）
　　サイプレス
　　ローレル
　　オーク

木や枝の上で火を燃やして、炎が周辺のものをすべて浄化し、それにパワーを送り込むのをイメージします。魔法の儀式などで他人と会うとき、あらゆる機会に使います。浄化とパワーを強める作用があります。

FRANKINCENSE PROTECTIVE NECKLET ／フランキンセンスの防御のネックレス
　　数グラムのフランキンセンスの「涙の粒」
　　（小さな丸いかたまり）

フランキンセンスの「涙の粒」に防御のエネルギーを注入します。短く細い針に黄色の木綿糸を通してください。ガスの炎、熱湯、キャンドルの炎などで針を熱します（キャンドルの炎を使う場合、針にランプブラックがついたら、素早く拭き取りましょう）。熱い針でフランキンセンスの粒の中央を押し、糸に通します。熱して糸に通す作業を繰り返し、首にかけられる長さにフランキンセンスでビーズのネックレスを作ります。両端を結び、防御のために身につけたり、魔法の儀式に使ったりしてください。

MEXICAN HEALING RUB／メキシカン・ヒーリングの塗り薬
　　黄色のデイジー　　………………………… ひとつかみ
　　スイートバイオレット　………………… ひとつかみ

PART II　手順とレシピ

ポピー	ひとつかみ
ローズマリー	ひとつかみ

　これらの新鮮な植物を混ぜ合わせ、パワーを注入します。大きなセラミックのボウルに入れ、ウオッカなどの無臭のアルコールで全体を浸します（アルコールを使いたくなければ、リンゴ酢で代用してください）。湿らせたハーブで病気の人の身体をこすり、それが病気を吸い取ってくれるようにイメージしてください。終わったら使ったハーブを土の中に埋め、手を洗います。

🌿 MONEY PENTACLES ／お金の五芒星

クローブ（細かくする）	大さじ4杯
シナモン（細かくする）	大さじ4杯
ナツメグ（細かくする）	大さじ4杯
ジンジャー（細かくする）	大さじ4杯
シナモン・オイル	数滴
クローブ・オイル	数滴
ナツメグ・オイル	数滴
トラガカンス（細かくする） （あるいはアラビアガム）	大さじ2杯
水	大さじ4杯

　スパイスをすべて混ぜ合わせたら、オイルを加えてよく混ぜ、パワーを注入します。次にトラガカンスを水に加えて完全に混ぜ合わせて、ゴムが水を吸収するまで置いておきます。
　パワーを注いで細かくしたスパイスをゴムと水を混ぜたものに加え、指でよく混ぜると、固いパン生地のようなものになります。ドロドロしているようなら、細かくしたスパイスを少し足してください。両手で平らにし、約3センチ厚さの丸い形をいくつか作ります。それぞれの丸に、鋭いナイフで五芒星の形を描きます。日の当たらない場所で乾かしてください。岩のように固くなるまで乾かしたら完成です。ポケットやバッグに入れて携帯し、お金を呼び寄せま

しょう。

あるいは祭壇で、パチョリかシナモン・オイルを塗った2本の緑のキャンドルを用意し、そのあいだに置きます。もしくは、さらに大きな五芒星を作り、緑のキャンドルで取り囲んで、お金を呼び寄せます。4週間後、感謝の気持ちで五芒星を地面に埋め、新しいものを使ってください。

🌿 PILLOW, ASTRAL TRAVEL ／星の旅の枕

マグワート	3
ベチバー	2
サンダルウッド	1
ローズの花びら	1
砕いたバニラビーンズ	1本
細かくしたオリス・ルート	ひとつまみ

これらで小さな枕を作ります。その枕で眠り、星の旅へと出かけましょう。

🌿 PILLOW, DREAM ／夢の枕

ローズの花びら	2
レモンバーム	2
コストマリー	1
ミント	1
クローブ	1

鮮明な夢が見られるように、小さな枕に縫い込みます。

🌿 PILLOWS, MAGIC ／魔法の枕

以下は、各ハーブを個別に使うか、複数の目的のために混ぜ合わせるためのものです。12、3センチ四方の小さな枕を作ります。普段使う枕の上に置いてください。

アニス	悪夢を止める
ベイ	楽しい夢
カモミール	安眠効果
ユーカリ	癒し
ホップ	睡眠、癒し
マグワート	夢、サイキックな夢
ペパーミント	新鮮なものを使えば安眠をもたらすので、毎日交換する
タイム	幸福（うつ状態の緩和）
バーベナ	媚薬
ヤロウ	愛する人の夢

POMANDER LOVE CHARM／愛のお守りのポマンダー（香り玉）

大きくて新鮮なオレンジかレモン ……… 丸ごとひとつ（後述を参照）
細かくしたシナモン …………………… 大さじ2杯
細かくしたコリアンダー ……………… 大さじ2杯
細かくしたジンジャー ………………… 大さじ2杯
細かくしたオリス ……………………… 大さじ1杯
ひとまとめにしたクローブ

　男性を惹きつけたいならオレンジを、女性ならばレモンを使います。傷や変色のない、しっかりとしてほぼ完熟のものを選んでください。
　ハーブは細かくし、小さなボウルに入れて混ぜ合わせ、愛のパワーを注ぎ込みます。
　オレンジかレモンを持ち、恋愛が成就した自分をイメージします。果物の下

には、空のボウルか皿をおき、果汁を受け止める準備をしましょう。

　レモンかオレンジなど果物の表面にクローブをひとつ押し込みます。別のクローブを最初に刺したものの近くに少しだけ離して押し込み、徐々にハート型を描くようにクローブを加えていきます。恋愛を達成した自分をずっとイメージしながら果物が完全に覆われるまでクローブを押し込み続けてください。

　果物がクローブに覆われ、表面がほとんど見えなくなったら、パワーを注いで細かくしたスパイスを混ぜてボウルに入れます。その中で果物を転がし、愛のスパイスで完全に覆います。それがポマンダーになります。そのままボウルの中に1週間から2週間置きます（ポマンダーは、毎日スパイスの中で転がしてください）。それからポマンダーを取り出します。ポマンダーに魔法のパワーを注ぎ込んだら、それを祭壇に置きます。

　6本のピンクのキャンドルに、ローズ、ジャスミン、パルマローザ、あるいは本書でレシピを記載した「愛のハーブオイル」を塗り、ポマンダーの周囲に、円を描くようにキャンドルを置きます。キャンドルに火を灯し、9分ほど炎を燃やしながら、恋愛が成就した自分をイメージします。

　ピンクの紐や糸や毛糸などでポマンダーを結び、見える場所に吊るします。1日に何度も香りを嗅ぎます。キャンドルはなくなるまで燃やしてください。

　ポマンダーの効果が出てくるはずです。

PURIFICATION BLEND／浄化のブレンド

リンゴ酢	1/2 カップ
新鮮なユーカリの葉	ひとつかみ
ルーの葉	ひとつかみ
塩	3つまみ
水	約1リットル

　酢にハーブを加え、ひと晩置きます。ガーゼで漉し、塩水に加えたものを、宝石、お守り、魔法の道具などを洗って浄化するのに使います。あるいは1／2カップを風呂に入れます。これはとても薄められたティンクチャーでもあります。

PART II　手順とレシピ

🌿 ROSE LOVE BEADS／ローズの愛・ビーズ

　　新鮮なローズゼラニウムの葉　……………　1
　　新鮮なローズの花びら　………………　2
　　（香りがいいほど、上質なローズウォーターになる）

　ローズの花びらから白いヘタを取り、ハーブに愛のパワーを注ぎます。非金属製の鍋に花びらと葉を入れ、水を加えて蓋をし、30分間煮ます。沸騰させないように注意してください。火を止め、次の日までそのまま浸しておきます。そして再び30分間煮ます。これを3日間繰り返します。必要であればローズウォーターを足してください。最後の日にすべての水を絞り出すと、いい香りのするかたまり（ハーブが抽出されてかたまりとなったもの）が残ります。形が保てる程度まで乾かし、5mmほどの小さな丸いビーズを手で作ります。糸に通す穴を開けられるくらい湿っているあいだに、大きな針や固い針金をビーズに通します。1週間ほど乾かし、乾燥を確認するため、ビーズを動かしてみてください。ピンクの糸や毛糸やリボンに通します。ビーズは黒ずんで汚いですが、身につけるとかぐわしいローズの香りを放ちます。愛のために身につけたり、サシェに入れたり、バッグに入れて携帯してください。

🌿 WITCHES' LOVE HONEY／魔女愛のはちみつ

　　純粋なはちみつ　………………………………　1カップ
　　折ったシナモンスティック　………………　2本
　　クローブ　　　　　　　　　　　　　ティースプーン1杯
　　シュガージンジャー[vii]　………………………　1円玉ほどの大きさ
　　乾燥レモンピール　……………………………　3センチ程度
　　バニラビーンズ　………………………………　3センチ程度
　　細かくしたカルダモン　………………………　ひとつまみ

　魔法の力で、すべてのハーブとはちみつにパワーを注入します。密閉できる

[vii]　シュガージンジャー（しょうがの砂糖漬け）は、アジア系食品店などで購入できます。

瓶にハーブを入れ、はちみつを加えたら、ハーブ全体が湿るまで瓶を振ります。蓋をしっかり閉めたら、ハーブの祭壇のピンクのキャンドルのあいだに置きます。キャンドルに火を灯し、最後まで燃やしてください。それから3週間、暗い場所に保管します。食べ物や温かい飲み物に加えて愛に包まれましょう。

PART III 代用品

The Complete Book of
Incense, Oils & Brews

はじめに

　インセンスを混ぜる準備はすっかりできているのに、1つか2つ材料が足りないことに気づき、がっかりすることがあるかもしれません。そのときは、すべての材料を取っておき、レシピ通りのハーブが手に入るまで待つほうがいいと思いますか？
　その必要はありません。
　本書のレシピは、効果的と立証された提案や実例にすぎません。手持ちのものに変更したり、好みのものに変えたりできないという意味ではないのです。
　足りない材料があれば（たとえばアロエウッドは今では入手困難です）、基本的に同じエネルギーを持つハーブで代用してもかまわないのです。
　代用品を使うのを躊躇する人が多いことに、私は驚いています。少々大げさですが、このような会話がよくあります。

「アサグラゼナシクソンゴムはありますか？」偉大なハーブの魔術師が尋ねます。
　私は指を鳴らします。「それは切らしています。何を作るのですか？」
「魂の覚醒のための古代のインセンスです」魔術師は眉を上げながら答えます。
「なるほど。では代わりに、マスティックガムやディタニーオブクリートを使ったらどうですか？」
「だめですよ！　アサグラゼナシクソンゴムでなくては！」魔術師は怒ります。「アサグラゼナシクソンゴムを使わなければ、悪霊が私をアラビアの灼熱の砂漠へ運び去ると、この25000年前のレシピにはっきりと書いてあるんです！」彼の下唇は震えています。
「いや、それは防御のためですよ。選択肢は3つです。アサフェティダで代用するか、このレシピで作るのをやめるか、灼熱の地に行くかです」

こんな会話、ありえないと思いますか？　強調するために少し脚色しましたが、要するに魔法のレシピ通りに従う必要はないということです。

「アサグラゼナシクソンゴム」などありません。そもそも25000年前のレシピなんて存在しないのですから。

代用品を勧めているだけでなく、そうせざるをえない場合も多いのです。本書で言及した材料の大半はどこかで手に入りますが、必ずすべてをストックできる人はいません。そのため、さまざまなレシピを作る人には代用品が必要になるでしょう。

他のもっとセンセーショナルな本に出ているレシピの多くは、未知で未確認のものや、大昔に絶滅したもの、または存在しないハーブが記載されています。では、なぜこのような記載があるのでしょうか？　その理由は、以下の通りです。

1．読者に著者の「学識」を印象づけ、無名の魔法の教科書に関心を抱かせるため（その多くは無名のまま消え去っています）。
2．読者の知識と、誤った情報に惑わされず同じ性質の材料で代用する能力を試すため。
3．単に著者自身にその程度の知識しかないため。

つまり、あらゆるレシピを代用品なしで作るのは不可能なのです。

本書には、未知のハーブを使ったレシピもいくつか含まれています。たとえば、「月のインセンス2」の「セレニトロープ」、そして「精霊のインセンス2」の「タプサス・バルバタス」などです。

前者は代用品を記しましたが、後者のレシピはそもそも使用をおすすめできないので、そのままにしてあります。

多くの著者が「わかりにくく、混乱させるように書く」という昔風のやり方をしていますが、私は違います。

ですから、サンダルウッドを切らしていたり、戸棚のラベンダーの瓶が空なのを見つけたら、この「代用品」の項を参照し、代用に最適なものを選んでください。レシピに、セレニトロープやタプサス・バルバタス、あるいはアサグ

ラゼナシクソンゴムなど有毒物質を含むものをみつけたとしましょう。そのとき、あなたならどうしますか？

　まずは欠けている材料の魔法の力を知ることが重要です。それを知っていれば、なぜその材料がレシピに含まれているかがわかり、似たようなエネルギーを持つ植物で代用できるからです。

　たとえレモン・オイルが浄化のブレンドに含まれる理由がわからなくても、「浄化」の見出しを調べて、代わりになるオイルを探すことはできるはずです。

　以下は、代用品を探すための一例です。

　たとえば「すぐにお金が入ってくるオイル」を、ミント、パチョリ、パイン、シナモンで作るとします。そして以前に見かけた瓶入りのパチョリ・オイルが10ドルもして、所持金では足りず、買えなかったことを思い出します。

　そこであなたは後述の「魔法の代用品一覧」の項にある「お金と富」で、ベチパーをみつけてベチパー・オイルを使うことに決めました。

　2つは香りも似ていて儀式的にも適当です。何より手元にあったのです。これで問題解決！　こうしてあなたは、パチョリ・オイルの代わりにベチパー・オイルで見事に成功することでしょう。

　その代用品が最良の選択かどうかを確かめたければ、手持ちのハーブの特性を本書で調べてみてください。それぞれの素性、基本のエネルギー、おすすめの使い道などを見てみましょう。それをもとに最も適切なハーブを選んでください。

　いろいろな情報源から見つけたレシピを統合しようとすると、多くの問題が起こりえます。たとえば1651年に英語で最初に出版された、アグリッパの『Three Books of Occult Philosophy』(「超自然的な哲学の3冊の本」未訳、詳しくは「参考文献」を参照)を読んでいるとします。あなたは何らかの理由で、「火星の"煙"あるいはインセンス」を混ぜようと考えます。以下はその材料です。分量は書いてありません。

　ユーフォルビア

はじめに

デリアム樹脂
アンモニアゴム
ヘレボア・ルート
ロードストーン
硫黄　少量
猫の脳、あるいはコウモリの血[i]

　なるほど。すごいインセンスですが、これを作ることに決めたとします。
　最初に、脳や血は省略することにします。理由は明らかですね。こうした材料は昔、エネルギーを加えると同時に、インセンスを結着させるために使われました。
　脳や血を何かで代用したいなら、卵白を試してください。古代の生命のシンボルであり、結合剤の役割を果たします。
　まずはユーフォルビアです。これは有毒で、世界中に生息する一般的なトウダイグサ科の、4000種のうちいずれかの乳濁液です。最もよく知られるのはポインセチアです。古代では、ユーフォルビア（ユーフォルビアの乳白色の分泌物）は医療や魔術に使われました。おそらく猛毒で知られるために、このレシピに含まれたのでしょう。
　インセンスで死にたくなかったら、「魔法の代用品一覧」の「火星（Mars）」の項を見てください。タバコを代用してみてはどうでしょうか？　有毒ですが、パイプのタバコをひとつまみインセンスに加えても死ぬことはありません。これで手を打ちましょう。
　次にデリアム樹脂です。これはインドやアフリカに生息する、カンラン科のいくつかの種から取れる稀少な材料です。少なくとも6000年前から知られていますが、実際デリアム樹脂は今では手に入りません。
　ですが、マヤ文明時代からアメリカの儀式で使われているゴム樹脂のコーパルなら、カンラン科の木から取ることができます。わずかでも遺伝子がデリアム樹脂とつながっています。さらにデリアム樹脂は、シーダーのような香りが

---

[i] 1651年の英語版によるものです。1974年版（「参考文献」を参照）ではこの材料は「雄鹿の脳、人間の血、黒猫の血」となっていました。このレシピには不信感を抱いています。

すると言われていますが、いくつかのタイプのコーパルにもそう記述されています。どちらもゴムであるという（そしてハーブの戸棚に常備されている可能性が高いもの）事実は、それが優れた代用品であることの証拠です。

　関係の深い植物で代用するのは有益な方法です。でも、コーパルは持っていない？　心配はいりません。「火星のインセンス」の材料にはドラゴンズブラッドやパイン樹脂も含まれます。これらのものも、デリアム樹脂の代わりになります。可能であれば、よく似た材料で代用しましょう。オイルにはオイル、ゴムにはゴム、樹皮には樹皮、葉には葉、というように。

　3つ目の材料は、今で言うところのアンモニアゴム（フェルラやイランの木から取れるゴム樹脂）とともに、イランの木からも取れるゴム樹脂です。これも入手不可能ですが、アグリッパの「火星のインセンス」を作るという、あなたの決意は変わらないとします。

　そこであなたは拙著『願いを叶える魔法のハーブ事典』（パンローリング刊）でフェルラを調べ、一般的なアサフェティダがその一種であることを発見します。アサフェティダも「魔法の代用品一覧」の「火星（Mars）」の項に掲載されていました。大成功！　ですがアサフェティダは匂いが強すぎるので、ほんのひとつまみだけ使いましょう。

　それからヘレボア・ルート（roots of both hellebors）です。17世紀にはhelleboreをhelleborと書くのが一般的でした。bothはおそらく、ヘレボア・ニゲル、黒ヘレボア、白ヘレボアなど、いくつかの異なった植物に当てはまる一般的な呼び名を指しているようです。

　こうした有毒な材料は、ただ単に有毒だという理由で、このレシピに含まれていたのです。今では市販されていないそれを香炉で燃やすのは愚かな魔術師にすぎません。他に使えるものはないでしょうか？　あらためて「魔法の代用品一覧」の「火星（Mars）」の項を見てください。ネトル（イラクサ）はどうでしょう？　たしかに毒はありませんが、ネトルに触れた人なら誰もが知るように、とげがあります。刺すような鋭さを感じさせる「火星のインセンス」にぴったりではありませんか。ネトルで決定です。

　次はロードストーン（磁鉄鉱）。もしかしたら、この自然の磁石はあなたの家の周りにあるかもしれません。ロードストーンは火星や金星に属するしきた

りなので、これが含まれるのはふさわしいのです。ロードストーンがなければ、小さな人工磁石を完成品に入れてください。1週間ほど置いて、使う前に取り出します。これは火星のパワーを持ったインセンスを「磁化」してくれます。

硫黄は？　大丈夫、簡単に手に入ります。もしなければ、ひとつまみのクラブモスや、昔からある他の植物の種で代用してみてはどうでしょう。なぜクラブモスなのか？　一般的には、その爆発性の物質のために「植物硫黄」と呼ばれているからです。クラブモスが見つからなければ、前述のアサフェティダも硫黄の代用になります。

そして最後はミルラです。もしあればレシピに加えてください。なければ、パイン樹脂または、ドラゴンズブラッドでもいいでしょう。

それでは、もとのレシピと代用できるものを並べてみると以下のようになります。

アグリッパの火星のインセンス	新しい火星のインセンス
ユーフォルビア	タバコ
デリアム樹脂	コーパル（またはパイン樹脂、ドラゴンズブラッド）
アンモニアゴム	アサフェティダ
ヘレボアやクリスマスローズの根	ネトル
ロードストーン	ロードストーン（または磁石）
硫黄	硫黄（またはクラブモス、アサフェティダ）
ミルラ	ミルラ（またはパイン樹脂、ドラゴンズブラッド）
猫の脳、コウモリの血	卵白（あれば）

これで完成です！　大昔のレシピをアレンジして、新しい「火星のインセンス」ができました。手に入らないすべての材料の代用に成功したのです。

本当にこれを作るなら、ほんの少しのパイプタバコ、コーパル、アサフェティダはひとつまみで充分です。ネトル、磁石、硫黄、ミルラ（あるいはパイ

ン樹脂かドラゴンズブラッド）などを使うのが最適です。卵白を足してもいいですが、おそらくあなたは着火しやすいインセンスを作るのではないでしょうから、省略してもよいでしょう。

　なんとすばらしい代用の例でしょうか！　このような難しいレシピを頻繁に作ることはあまりないと思いますが、実際にやってみれば手順がわかるはずです。
　代用品を使うことは危険でもなければ、魔術の伝統に反することでもありません。そして基本的なルールに従っているかぎり、そのハーブ製品がパワーを失うということもないのです。
　代用品を避けるのではなく、うまく活用して楽しみましょう。それが魔法の薬草学においては必要で、大切なことなのです。

魔法の代用品一覧

特定の代用

　本書の実用性を高めるために、一般的なものや珍しいハーブについて、具体的代用品リストを記しました。何かを作ろうとして材料が足りないときに参照してください。さらに一般的なリストも後述します。

追加の使用基準です：
・ローズマリーは安全で、どのハーブの代用にもなる。
・ローズはどの花の代用にもなる。
・フランキンセンスやコーパルはゴム樹脂の代用になる。
・タバコは有毒なハーブの代用になる。

　その他の代用品（特にオイル）については、PART Ⅰの第4章「材料」を参照してください。
　特に断りのないかぎり、すべてのリストはオイルではなく、植物素材についてのものです。

以下、左記の代用品が→印です

ACACIA	アラビアゴムノキ	→ アラビアガム
ACACIA, GUM	アカシア樹脂	→ アラビアガム
ACONITE	アコナイト	→ タバコ
ARABIC, GUM	アラビアガム	→ フランキンセンス、マスティックガム、トラガカンス（インセンスに使うのではなく、湿った材料をまとめるために使用）

PART III 代用品

AMMONIAC, GUM	アンモニアゴム	→ アサフェティダ
ASAFOETIDA	アサフェティダ	→ タバコ、バレリアン
BALM OF GILEAD	バームオブギリアド	→ ローズのつぼみ、マスティックガム
BDELLIUM, GUM	デリアム樹脂	→ コーパル、パイン樹脂、ドラゴンズブラッド
BELLADONNA	ベラドンナ	→ タバコ
BENZOIN	ベンゾイン	→ アラビアガム、マスティックガム
CACHANA	カチャナ	→ アンゼリカ・ルート
CAMPHOR OIL	カンファートゥリートゥリー・オイル	→ ユーカリ・オイル、ラベンダー・オイル
CARNATION	クローブピンク	→ ローズの花びら（クローブ・オイルを数滴塗る）
CASSIA	カシア	→ シナモン
CASTOR BEAN	キャスタービーン	→ キャスター・オイル数滴
CEDAR	シーダー	→ サンダルウッド
CINQUEFOIL	シンクフォイル	→ クローバー、トゥリフォイル
CITRON	シトロン	→ 等量のオレンジピールとレモンピール
CLOVE	クローブ	→ メース、ナツメグ
CLOVER	クローバー	→ シンクフォイル
COPAL	コーパル	→ フランキンセンス、シーダー
COWBANE	カウベイン	→ タバコ
CYPRESS	サイプレス	→ ジュニパー、パインニードル
DEERSTONGUE	ディアーズタン	→ トンカマメ（内用ではない）、ウッドラフ、バニラ
DITTANY OF CRETE	ディタニーオブクリート	→ マスティックガム

魔法の代用品一覧

DRAGON'S BLOOD	ドラゴンズブラッド	→ 等量のフランキンセンスとレッドサンダルウッド
EUCALYPTUS OIL	ユーカリ・オイル	→ カンファートゥリー・オイル、ラベンダー・オイル
EUPHORBIUM	ユーフォルビア	→ タバコ
FRANKINCENSE	フランキンセンス	→ コーパル、パイン樹脂
GALANGAL	ガランガル	→ ジンジャー・ルート
GRAINS OF PARADISE	グレインズオブパラダイス	→ ブラックペッパー
GUM AMMONIAC	アンモニアゴム	→ アサフェティダ
GUM BDELLIUM	デリアム樹脂	→ コーパル、パイン樹脂、ドラゴンズブラッド
HELLEBORE	ヘレボア	→ タバコ、ネトル
HEMLOCK	ヘムロック	→ タバコ
HEMP	ヘンプ（麻）	→ ナツメグ、ダミアナ、スターアニス、ベイ
HENBANE	ヘンベイン	→ タバコ
HYSSOP	ヒソップ	→ ラベンダー
IVY	アイビー	→ シンクフォイル
JASMINE	ジャスミン	→ ローズ
JUNIPER	ジュニパー	→ パイン
LAVENDER	ラベンダー	→ ローズ
LEMONGRASS	レモングラス	→ レモンピール
LEMON PEEL	レモンピール	→ レモングラス、レモンバーベナ
LEMON VERBENA	レモンバーベナ	→ レモングラス、レモンピール
MACE	メース	→ ナツメグ
MANDRAKE	マンドレイク	→ タバコ
MASTIC, GUM	マスティックガム	→ アラビアガム、フランキンセンス
MINT	ミント（全種類）	→ セージ

MISTLETOE	ミスルトー	→ ミント、セージ
MUGWORT	マグワート	→ ワームウッド
NEROLI OIL	ネロリ・オイル	→ オレンジ・オイル
NIGHTSHADE	ナイトシェイド	→ タバコ
NUTMEG	ナツメグ	→ メース、シナモン
OAKMOSS	オークモス	→ パチョリ
ORANGE	オレンジ	→ タンジェリンピール
ORANGE FLOWERS	オレンジの花	→ オレンジピール
PATCHOULY	パチョリ	→ オークモス
PEPPERMINT	ペパーミント	→ スペアミント
PEPPERWORT	ペッパーワート	→ ルー、グレインズオブパラダイス、ブラックペッパー
PINE	パイン	→ ジュニパー
PINE RESIN	パイン樹脂	→ フランキンセンス、コーパル
RED SANDALWOOD	レッドサンダルウッド	→ サンダルウッド（ひとつまみのドラゴンズブラッドを混ぜる）
ROSE	ローズ	→ ヤロウ
ROSE GERANIUM	ローズゼラニウム	→ ローズ
RUE	ルー	→ ローズマリー（ひとつまみのブラックペッパーを混ぜる）
SAFFRON	サフラン	→ オレンジピール
SANDALWOOD	サンダルウッド	→ シーダー
SARSAPARILLA	サルサパリラ	→ サッサフラス
SASSAFRAS	サッサフラス	→ サルサパリラ
SPEARMINT	スペアミント	→ ペパーミント
SULFUR	硫黄	→ タバコ、クラブモス、アサフェティダ
THYME	タイム	→ ローズマリー

TOBACCO	タバコ	→	ベイ
TONKA BEAN	トンカマメ	→	ディアーズタン、ウッドラフ、バニラビーンズ
TREFOIL	トゥリフォイル	→	シンクフォイル
VALERIAN	バレリアン	→	アサフェティダ
VANILLA	バニラ	→	ウッドラフ、ディアーズタン、トンカマメビーン
VETIVERT	ベチバー	→	カラムス
WOLFSBANE	ウォルスベイン	→	タバコ
WOOD ALOE	アロエウッド	→	サンダルウッド（アンバーグリス・オイルを振りかける）
WOODRUFF	ウッドラフ	→	ディアーズタン、バニラ
WORMWOOD	ワームウッド	→	マグワート
YARROW	ヤロウ	→	ローズ
YEW	ユー	→	タバコ

魔法の目的

　すべての魔法の目的が以下に記されているわけではありません。欠けているものは、後述の「惑星の代用」や「四大元素の代用」を参照。自分でブレンドするときや代用するときは、254ページからのリストを参考にしてください。

「魔法の代用品」一覧表のキーワード
　（表では、H、O、B、Sのいずれかを使用しています）

H　ハーブ、ゴム、花、樹皮、根、葉、果実、種子
O　精油
B　ブーケ
S　合成品

ASTRAL PROJECTION／幽体離脱

ベンゾイン	H、O
ディタニーオブクリート	H
シナモン	H、O
ジャスミン	H、O
ポプラ	H
サンダルウッド	H、O

COURAGE／勇気

オールスパイス	H
ブラックペッパー	H、O
ドラゴンズブラッド	H
フランキンセンス	H、O
センテッドゼラニウム（ローズゼラニウム）	H、O
スイートピー	H、B
トンカ	H、B
タイム	H

DIVINATION／占い

アニス	H
カンファートゥリー	H、O
クローブ	H、O
ハイビスカス	H
メドウスイート	H
オレンジ	H、O
オリス	H

EXORCISM／魔除け

アンゼリカ	H	クローブ	H、O
バジル	H、O	コーパル	H

クミン	H		ミルラ	H、O
ドラゴンズブラッド	H		カイエンヌペッパー	H
フランキンセンス	H、O		ペパーミント	H、O
フミトリー	H		パイン	H、O
ガーリック	H		ローズマリー	H、O
ヘリオトロープ	H		セージブラッシュ	H
ホアハウンド	H		サンダルウッド	H、O
ジュニパー	H、O		スナップドラゴン	H
ライラック	H		シスル（アザミ）	H
マロウ	H		ベチバー	H、O
ミスルトー	H		ヤロウ	H、O

HAPPINESS／幸福

アップルブロッサム	H
キャットニップ	H
ヒアシンス	H
ラベンダー	H、O
マジョラム	H
メドウスイート	H
セサミ	H
サフラン	H
セントジョンズウォート	H

HEALING, HEALTH／ヒーリング、健康

オールスパイス	H		シナモン	H、O
アンゼリカ	H		シトロン	H
ベイ	H、O		コリアンダー	H、O
カラマス	H		ユーカリ	H、O
クローブピンク	H		フェンネル	H
シダーウッド	H、O		ガーデニア	H

魔法の代用品一覧

PART III 代用品

ヘリオトロープ	H	ローズマリー	H、O
ハニーサックル	H	サフラン	H
ジュニパー	H、O	サンダルウッド	H、O
レモンバーム	H、O	サッサフラス	H
ライム	H、O	スペアミント	H、O
マグワート	H	スパイクナード	H
パルマローザ	O	タイム	H
カイエンヌペッパー	H	スイートバイオレット	H
ペパーミント	H、O	ウィロー（ヤナギ）	H
パイン	H、O	ウィンターグリーン	H
ポピーシード	H	イエルバサンタ	H
ローズ（バラ）	H、O		

LOVE／愛

アップル・ブロッサム	H、B		H、O
アプリコット	O（無臭）	ジンジャー	H、O
バジル	H、O	ハイビスカス	H
カモミール	H、O	ジャスミン	H、O
キャットニップ	H	ジュニパー	H、O
チックウィード	H	ラベンダー	H、O
シナモン	H、O	レモン	H、O
シベット	S	レモンバーム	H、O
クローブ	H、O	レモンバーベナ	H、O
コーパル	H	ライム	H、O
コリアンダー	H、O	ロータス	B
クミン	H	マジョラム	H
ディル	H	マスティック	H
ドラゴンズブラッド	H	ミモザ	H
ガーデニア	H	コモンマートル	H
センテッドゼラニウム（ローズ）		ネロリ	O

魔法の代用品一覧

オレンジ	H、O	スイートピー	B
オーキッド	H	タイム	H
オリス	H	トンカ	H、B
パルマローザ	O	テューブローズ	H、B
ペパーミント	H、O	バニラ	H
プルメリア	H	バーベイン	H
ローズ（バラ）	H、O	ベチバー	H、O
ローズマリー	H、O	スイートバイオレット	H
サルサパリラ	H	ヤロウ	H、O
マダガスカルジャスミン	H	イランイラン	O

LUCK／幸運

オールスパイス	H	オレンジ	H、O
カラムス	H	ポピーシード	H
ファーン	H	ローズ	H、O
グレインズオブパラダイス	H	スパイクナード	H
ヘーゼル	H	スターアニス	H
ヘザー	H	トンカ	H、B
アイリッシュモス	H	スイートバイオレット	H
ナツメグ	H、O		

LUST／欲望

アンバーグリス	S	グレインズオブパラダイス	H
キャラウェイ	H	ハイビスカス	H
シナモン	H、O	レモングラス	H、O
シベット	S	ネトル	H
クローブ	H、O	オリーブ	H、O
ディアーズタン	H	パセリ	H
ジンジャー	H、O	パチョリ	H、O
ジンセン	H	ペパーミント	H、O

ローズマリー	H、O	テューブローズ	H、B
サフラン	H	バニラ	H
セサミ	H	イエルバマテ	H
マダガスカルジャスミン	H		

MONEY AND RICHES／お金と富

オールスパイス	H	ヒソップ	H
アーモンド	H	ジャスミン	H、O
バジル	H、O	コモンマートル	H
ベルガモットミント	H、B	ナツメグ	H、O
カラムス	H	オークモス	H、B
カモミール	H、O	オレンジ	H、O
シダーウッド	H、O	パチョリ	H、O
シナモン	H、O	ペパーミント	H、O
シンクフォイル	H	パイン	H、O
クローブ	H、O	セージ	H
クローバー	H	サッサフラス	H
ディル	H	トンカ	H、B
エルダー	H	バーベイン	H
ガランガル	H	ベチバー	H、O
ジンジャー	H、O	アロエウッド	H、O
ヘリオトロープ	H	ウッドラフ	H
ハニーサックル	H		

PEACE／平常心

クミン	H
ガーデニア	H、B
ラベンダー	H、O
ライラック	H
マグノリア	B

メドウスイート	H
ナルシッサス	H
ペニーロイヤルミント	H
テューブローズ	H、B
スイートバイオレット	H

POWER, MAGICAL／魔法の力

オールスパイス	H
クローブピンク	H
ドラゴンズブラッド	H
ジンジャー	H、O
マスティックガム	H
タンジェリン	H、O
バニラ	H

PROPHETIC（PSYCHIC）DREAMS／予言の（サイキックな）夢

カンファートゥリー	H、O
シンクフォイル	H
ヘリオトロープ	H
ジャスミン	H、O
カレンデュラ	H
ミモザ	H
ローズ	H、O

PROTECTION／防御

アンゼリカ	H	バジル	H、O
アニス	H、O	ベイ	H、O
アラビアガム	H	ベルガモットミント	H、B
アサフェティダ	H	ブラックペッパー	H、O
バームオブギリアド	H	カラムス	H

PART III　代用品

キャラウェイ	H	ロータス	B
クローブピンク	H	マンドレイク	H
シダーウッド	H、O	カレンデュラ	H
シナモン	H、O	ミモザ	H
シンクフォイル	H	ミスルトー	H
クローブ	H、O	マグワート	H
クローバー	H	ミルラ	H、O
コーパル	H	ニアウリ	O
クミン	H	オリス	H
サイプレス	H、O	パチョリ	H、O
ディル	H	ペニーロイヤルミント	H
ドラゴンズブラッド	H	ピオニー	H
ユーカリ	H、O	ペパーミント	H、O
フェンネル	H	プチグレン	O
ファーン	H	パイン	H、O
フラックス	H	ローズ	H、O
フランキンセンス	H、O	ローズゼラニウム	H、O
ガランガル	H	ルー	H
センテッドゼラニウム（ローズ）	H、O	セージ	H
		サンダルウッド	H、O
ヘザー	H	シスル	H
ハニーサックル	H	バレリアン	H
ヒアシンス	H	バーベイン	H
ヒソップ	H	ベチバー	H、O
ジュニパー	H、O	スイートバイオレット	H
ラベンダー	H、O	アロエウッド	H
ライラック	H	ウッドラフ	H
ライム	H、O	ワームウッド	H

PSYCHIC AWARENESS／精神的覚醒

アカシア樹脂	H	メース	H、O
アニス	H	カレンデュラ	H
ベイ	H、O	マスティックガム	H
カンファートゥリー	H、O	マグワート	H
カシア	H、O	ナツメグ	H、O
シナモン	H、O	オレンジ	H、O
シトロン	H	オリス	H
クローブ	H、O	ペパーミント	H、O
フラックス	H	ローズ（バラ）	H、O
ガランガル	H	サフラン	H
ガーデニア	H	スターアニス	H
ヘリオトロープ	H	タイム	H
ハニーサックル	H	テューブローズ	H、B
レモングラス	H、O	ワームウッド	H
ライラック	H	ヤロウ	H、O

PURIFICATION／浄化

アニス	H	フランキンセンス	H、O
アラビアガム	H	ヒソップ	H
ベイ	H、O	ラベンダー	H、O
ベンゾイン	H、O	レモン	H
カラムス	H	レモンバーベナ	H、O
カモミール	H、O	ライム	H、O
カンファートゥリー	H、O	ミモザ	H
シダーウッド	H、O	ムスク	S
シナモン	H、O	ミルラ	H、O
コーパル	H	パセリ	H
ユーカリ	H、O	ペパーミント	H、O
フェンネル	H	パイン	H、O

ローズマリー	H、O	タバコ	H
サンダルウッド	H、O	バレリアン	H
タイム	H	バーベイン	H

SPIRITUALITY／霊性

アラビアガム	H	ロータス	B
カシア	H、O	ミルラ	H、O
シナモン	H、O	パイン	H、O
コーパル	H	セージ	H
フランキンセンス	H、O	サンダルウッド	H、O
ガーデニア	H	ウィステリア	H
ヘリオトロープ	H	アロエウッド	H
ジャスミン	H、O		

惑星の代用

　次のリストは、あなた自身の惑星のブレンドを作るときや、代用品が必要なときに参考にしてください。このジャンルは論議の対象になることが多く、植物や惑星についての新たな情報を得たら、それに応じて今後変更を加える可能性もあります。

SUN／太陽

　癒し、防御、成功、啓蒙、魔法のパワー、身体のエネルギーを高め、法的な問題に有効です。

アカシア	H	シダーウッド	H、O
アラビアガム	H	シナモン	H、O
ベイ	H、O	シトロン	H
ベンゾイン	H、O	コーパル	H
クローブピンク	H	フランキンセンス	H、O

ジュニパー	H、O	ローズマリー	H、O
マスティックガム	H	サンダルウッド	H、O
ミスルトー	H	タンジェリン	H、O
オーク	H	アロエウッド	H
オレンジ	H、O		

MOON／月

　睡眠、予言的な（サイキックな）夢、精神的覚醒、ガーデニング、愛、癒し、生殖能力、平和、慈悲、霊性に関係します。家族に関することにも効果があります。

カラムス	H	レモンバーム	H、O
カンファートゥリー	H、O	ロータス	B
ココナッツ	H	ミルラ	H、O
ガーデニア	H	ポピーシード	H
グレープ	H	サンダルウッド	H、O
ジャスミン	H、O	ウィロー	H
レモン	H、O		

MERCURY／水星

　知性、雄弁、予言、学業、自己改善を促し、依存症を克服してネガティブな習慣を断つ手助けをします。旅、コミュニケーション、知恵にも関係します。

アーモンド	H	ラベンダー	H、O
ベルガモットミント	H、B	レモングラス	H、O
キャラウェイ	H	レモンバーベナ	H、O
ディル	H	ペパーミント	H、O
フェンネル	H	タイム	H

VENUS／金星

愛、忠誠、和解、交流、美、若さ、喜び、幸せ、幸運、友情、慈悲、瞑想に関係します。

アップルブロッサム	H	オリス	H
カルダモン	H、O	プルメリア	H
クロッカス	H	ローズ（バラ）	H、O
デイジー	H	スペアミント	H、O
センテッドゼラニウム（ローズ）		シタキソウ	H
	H、O	スイートピー	B
ヘザー	H	タンジー	H
ヒアシンス	H	タイム	H
イリス	H	トンカ	H、B
リコリス	H	テューブローズ	H
ライラック	H	バニラ	H
マグノリア	H、B	スイートバイオレット	H
ミルラ	H	ウィロー	H
オーキッド	H	イランイラン	O

MARS／火星

勇気、攻撃、手術後の治癒、身体的な強さ、政略、性的エネルギー、防御、保護の魔法に関係します。

オールスパイス	H	ドラゴンズブラッド	H
アサフェティダ	H	ガランガル	H
バジル	H、O	ジンジャー	H、O
ブルーム	H	ネトル	
コリアンダー	H、O	ペパーミント	H、O
クミン	H	パイン	H、O
ディアーズタン	H	タバコ	H

| ウッドラフ | H | ワームウッド | H |

JUPITER／木星

霊性、瞑想、お金、繁栄に関係します。法的な問題にも有効です。

アニス	H	オークモス	H、B
シンクフォイル	H	セージ	H
クローブ	H、O	サルサパリラ	H
ハニーサックル	H	サッサフラス	H
ヒソップ	H	スターアニス	H
メープル（カエデ）	H	ティ	H
ナツメグ	H、O		

SATURN／土星

とりわけ家庭に関することの防御、浄化、長寿、魔除け、洞察力、終末に関係します。

アマランス	H	ミモザ	H
ビストート	H	パンジー	H
コンフリー	H	パチョリ	H、O
サイプレス	H、O	タマリスク	H

四大元素の代用

　四大元素に関連するハーブについて見る前に、簡単に考察してみましょう。
　四大元素（土、風、火、水）は宇宙の基本要素です。存在するすべてのもの、あるいは存在の可能性があるすべてのものは、これらのエネルギーのうちひとつかそれ以上で構成されています。
　最もわかりやすい四大元素の現れは自然のものです。ひと握りの砂は土、流れる雲は風、炎は火、湖は水です。ですが四大元素は、物理的対象をはるかに

超えています。可視か否かにかかわらず、すべてのものの背後にあるエネルギーです。

多くの植物は四大元素と同調しています。同様にそれぞれの元素は以下の通り、特定の魔術の目的に関連しています。「風のインセンス」を燃やすことで、あるいは「火のハーブオイル」を塗ることで、私たちは目的を達成するために元素のエネルギーを利用することができるのです。

効果を最大限にするため、ハーブ製品を使う前に元素と同調しましょう。「火のインセンス」を燃やすときは、その熱を感じてください。「水のハーブバス」に入るときは、浄化のエネルギーを感じましょう。「風のハーブオイル」を塗るときは、吹きすさぶ風をイメージします。土にまつわるブレンドを使うときは、大地の湿った匂いを嗅ぎとってください。

元素の魔法は最もマスターしやすい技のひとつです。なぜなら元素は、私たちの周囲にあるのですから。

元素にまつわるブレンドで自分のレシピを作るとき、あるいは代用するとき、以下のリストを参考にしてください。

EARTH／土

平和、繁殖、お金、事業の成功、安定、生育（庭などの）、雇用などに関係します。

ビストート	H	ナルシッサス	H
サイプレス	H、O	オークモス	H、B
ファーン	H	パチョリ	H、O
ハニーサックル	H	プリムローズ	H
ホアハウンド	H	ルバーブ	H
マグノリア	H、B	バーベイン	H
マグワート	H	ベチバー	H、O

AIR／風

コミュニケーション、旅、知性、雄弁、予言、自由、知恵に関係します。

アカシア	H	レモンバーベナ	H、O
アラビアガム	H	メース	H、O
アーモンド	H	マジョラム	H
アニス	H	マスティックガム	H
ベンゾイン	H、O	パセリ	H
ベルガモットミント	H、B	ペパーミント	H、O
シトロン	H	セージ	H
ラベンダー	H、O	スターアニス	H
レモングラス	H、O		

FIRE／火

コミュニケーション、守護の魔法、身体の強さ、魔力、勇気、意志の力、浄化の促進に関係します。

オールスパイス	H	ドラゴンズブラッド	H
アンゼリカ	H	フェンネル	H
アサフェティダ	H	フランキンセンス	H、O
バジル	H、O	ガランガル	H、O
ベイ	H、O	ガーリック	H
クローブピンク	H	グレインズオブパラダイス	H
シダーウッド	H、O	ヘリオトロープ	H
シナモン	H、O	ジュニパー	H、O
クローブ	H、O	ライム	H、O
コーパル	H	カレンデュラ	H
コリアンダー	H、O	ナツメグ	H、O
ディアーズタン	H	オレンジ	H、O
ディル	H	ペパーミント	H、O

ローズマリー	H、O	タンジェリン	H、O
ローズゼラニウム	H、O	タバコ	H
サッサフラス	H	ウッドラフ	H

WATER／水

愛、癒し、平和、慈悲、和解、浄化、友情、ストレス解消、睡眠、夢、精神力強化に関係します。

アップルブロッサム	H	リリー（ユリ）	H
レモンバーム	H、O	ロータス	B
カラムス	H	ミルラ	H、O
カモミール	H、O	オーキッド	H
カンファートゥリー	H、O	オリス	H
カルダモン	H、O	パッションフラワー	
キャットニップ	H	ピーチ	H
チェリー	H	プルメリア	H
ココナッツ	H	ローズ（バラ）	H、O
コンフリー	H	サンダルウッド	H、O
エルダー	H	スペアミント	H、O
ユーカリ	H、O	マダカスカルジャスミン	H
ガーデニア	H	スイートピー	B
ヘザー	H	タンジー	H
ヒアシンス	H	タイム	H
イリス	H	トンカ	H、B
ジャスミン	H、O	バニラ	H
レモン	H、O	スイートバイオレット	H
リコリス	H	イランイラン	O
ライラック	H		

占星術の代用

次のリストは、自分のブレンドを作ったり、代用したりするときに参考にしてください。各星座に記された代用のハーブが手に入らない場合は、支配惑星にも目を向けて、選択の幅を広げましょう。

ARIES／牡羊座（火星が支配）

オールスパイス	H	ドラゴンズブラッド	H
クローブピンク	H	フェンネル	H
シダーウッド	H、O	フランキンセンス	H、O
シナモン	H、O	ガランガル	H
クローブ	H、O	ジュニパー	H、O
コーパル	H	ムスク	S
クミン	H	ペパーミント	H、O
ディアーズタン	H	パイン	H、O

TAURUS／牡牛座（金星が支配）

アップルブロッサム	H	パチョリ	H、O
カルダモン	H、O	プルメリア	H
デイジー	H	ローズ	H、O
ハニーサックル	H	タイム	H
ライラック	H	トンカ	H、B
マグノリア	H、B	バニラ	H
オークモス	H、B	スイートバイオレット	H
オーキッド	H		

GEMINI／双子座（水星が支配）

アーモンド	H	シトロン	H
アニス	H	クローバー	H
ベルガモットミント	H、B	ディル	H

ホアハウンド	H	メース	H、O
ラベンダー	H、O	マスティックガム	H
レモングラス	H、O	パセリ	H
リリー	H	ペパーミント	H、O

CANCER（MOONCHILDREN）／蟹座（月が支配）

アンバーグリス	S	ライラック	H
カラムス	H	ロータス	B
ユーカリ	H、O	ミルラ	H、O
ガーデニア	H、B	ローズ	H、O
ジャスミン	H、O	サンダルウッド	H、O
レモン	H、O	スイートバイオレット	H
レモンバーム	H、O		

LEO／獅子座（太陽が支配）

アカシア	H	ジュニパー	H、O
ベンゾイン	H、O	ムスク	S
シナモン	H、O	ナツメグ	H、O
コーパル	H	オレンジ	H、O
フランキンセンス	H、O	ローズマリー	H、O
ヘリオトロープ	H	サンダルウッド	H、O

VIRGO／乙女座（水星が支配）

アーモンド	H	ラベンダー	H、O
ベルガモットミント	H、B	リリー	H、O
サイプレス	H、O	メース	H、O
ディル	H	モス	H
フェンネル	H	パチョリ	H、O
ハニーサックル	H	ペパーミント	H、O

LIBRA／天秤座（金星が支配）

アップルブロッサム	H	プルメリア	H
キャットニップ	H	ローズ	H、O
ライラック	H	スペアミント	H、O
マグノリア	H、B	スイートピー	B
マジョラム	H	タイム	H
マグワート	H	バニラ	H
オーキッド	H	スイートバイオレット	H

SCORPIO／蠍座（火星、冥王星が支配）

オールスパイス	H	ガーデニア	H
アンバーグリス	S	ジンジャー	H、O
バジル	H、O	ミルラ	H、O
クローブ	H、O	パイン	H、O
クミン	H	バニラ	H
ディアーズタン	H	スイートバイオレット	H
ガランガル	H		

SAGITTARIUS／射手座（木星が支配）

アニス	H	ハニーサックル	H
クローブピンク	H	ジュニパー	H、O
シダーウッド	H、O	ナツメグ	H、O
クローブ	H、O	オレンジ	H、O
コーパル	H	ローズ	H、O
ディアーズタン	H	セージ	H
ドラゴンズブラッド	H	サッサフラス	H
フランキンセンス	H、O	スターアニス	H
ジンジャー	H、O		

CAPRICORN／山羊座（土星が支配）

サイプレス	H、O	オークモス	H、B
ハニーサックル	H	パチョリ	H、O
マグノリア	H、B	バーベイン	H
ミモザ	H	ベチバー	H、O

AQUARIUS／水瓶座（土星、天王星が支配）

アカシア	H	メース	H、O
アーモンド	H	マスティックガム	H
ベンゾイン	H、O	ミモザ	H
シトロン	H	パチョリ	H、O
サイプレス	H、O	ペパーミント	H、O
ラベンダー	H、O	パイン	H、O

PISCES／魚座（木星、海王星が支配）

アニス	H	ミモザ	H
カラムス	H	ナツメグ	H、O
キャットニップ	H	オリス	H
クローブ	H、O	セージ	H
ユーカリ	H、O	サンダルウッド	H、O
ガーデニア	H	サルサパリラ	H、O
ハニーサックル	H、O	スターアニス	H
ジャスミン	H、O	スイートピー	B
レモン	H、O		

用語集

　以下の定義の多くは、魔術や魔法の薬草学や香水への言及に限定されます。当然ながら、これらは推論や個人的経験に基づいた私自身の定義です。「幸運（Luck、Good）」はその最たるものです。
　『』で示した語句は、見出し語としてこの用語集に含まれていますので、そちらも参照してください。

Akasha／アーカーシャ（虚空）
　5つ目の元素で、宇宙に広がるどこにでもある霊的なパワー。『Elements, The／四大元素（後述）』が作ったエネルギー。

Amulet／魔除け
　特定のネガティブなエネルギーを回避する、魔法の『Empowered／パワーを注入された』もの。一般的に、保護するもの。（詳しくは、『Talisman／お守り』を参照）

Anaphrodisiac／性欲抑制薬
　カンファートゥリーなどのように性欲を抑える物質。

Aphrodisiac／媚薬
　性的興奮をもたらす物質。

Asperger／アスペルガー
　儀式のあいだ、あるいは前もって水を撒くために、浄化の目的で使われる生のハーブの束。

Astral Projection／幽体離脱
意識を肉体から離し、自由に動かす行為。

Bane, Baneful／毒、有毒な
生命を破壊するもの。有害で危険で破壊的。ヘンベイン、ヘレボア、アコナイトなどのハーブがその例である。

Banish／追放する
悪やネガティブなものを祓う魔法の行為。強い浄化であり、「魂」を除去することと関連する場合がある。

Beltane／ベルテーン
4月30日もしくは5月1日に行われる『Wiccan／ウイッカン』の祭り。ベルテーンは女神と神（ウイッカの神々）のシンボリックな融合を祝うもの。夏の到来と関連する。

Bouquet／ブーケ
ローズやジャスミンなど特定の香りを再生する、天然あるいは人工の香りの調合品。混合物あるいはブレンドとも呼ばれる。

Brew／ブリュー（魔法のハーブ水）
ハーブの煎じ汁。醸造などに関連するもの。『Infusion／浸出液』を参照。

Censer／香炉
インセンスを燃やすときに使う耐熱容器。あるいはそれに類するもの。

Circle, Magic／円、魔法
『Magic Circle／魔法円』を参照。

Combustible Incense／着火しやすいインセンス
硝酸カリウムを含むインセンス。形はコーン（円すい）、ブロック（角柱）、スティック（棒状）型が一般的。

Conscious Mind／意識
社会的に規制された、知的で理論的で物質主義的な人間の心の半分。日々の活動に使われる。『Psychic Mind／精神』を参照。

Consecration／聖別
神聖化、あるいは浄化の『Ritual／儀式』。奉納の儀式。

Curse／呪い
ネガティブなエネルギーを意識的に人や場所やものに向けること。

Divination／占い、予言
雲、タロットカード、炎、煙などを使い、ランダムなパターンやシンボルを読み取ることで、未知の事象を知るための魔法の行為。占いは、トリックや催眠で『Psychic Mind／精神』とつながり、『Ritual／儀式』やツールの観察あるいは操作で『Conscious Mind／意識』とつながる。『Psychic Mind／精神』と容易につながれる人には占いは必要ない。

Elements, The／四大元素
土、風、火、水のこと。これら四つの元素は宇宙の構成要素である。存在する（あるいは存在する可能性がある）すべてのものは、これらのエネルギーの1つ、あるいは複数を含んでいる。四大元素は私たちの中にも、そして世界中にも広く存在する。『Magic／魔法』で変化を起こすために使われる。四大元素は原始の要素やパワーから『Akasha／アーカーシャ』を作った。

Empower, Empowering／パワーを注入する
人間のエネルギーをハーブや石、その他のものに移動させること。パワーを

注ぎ込まれたものは魔術に使われる。ハーブの魔法において、パワーを注ぐことは、ハーブの中のエネルギーを魔法の目的に合わせて調節することである。

Enfleurage／アンフルラージュ

フランスの香水用語で、花のエッセンシャル・オイルを純化した油脂で抽出するプロセス。ポマードでも知られる。

Esbat／エスバト（魔女の集会）

満月を祝福するウイッカの儀式。『Sabbat／サバト』『Wicca／ウイッカ』を参照。

Evocation／降霊

魂や肉体を持たない存在を呼ぶこと。目に見えるものも見えないものもある。『Invocation／招かん』を参照。

Exorcism／魔除け

ネガティブな存在を追い払う、昔からの魔術のプロセス。『Herb Magic／ハーブの魔法』においては強い浄化を表す。

Grimoire／グリモワール

『Ritual／儀式』、自然物の魔術的な性質、儀式用具の準備などについて書かれた魔術書。多くは「精霊の目録」を含む。古いグリモワールで最も有名なのは、おそらく『The Key of Solomon the King』(「ソロモン王の鍵」未訳)。グリモワールの多くは16、17世紀に初めて紙に記録されたが、それより古くから存在するのかもしれない。

Handfasting／「婚約、契約、約束」

『Wiccan／ウイッカン』や『Pagan／異教徒』やジプシーの結婚。さらに広い意味では、あらゆる結婚や宗教上の婚約。

Herb／ハーブ
　魔術に使われる植物。ハーブはたいてい香りが強く、その特別なエネルギーから珍重されている。木、シダ、草、海草、野菜、果物、花が咲く植物を含む。

Herbalism／ハーバリズム、薬草学
　植物を栽培、収穫し、医療、美容、儀式、料理の目的で使用することの実践。『Herb Magic／ハーブの魔法』を参照。

Herb Magic／ハーブの魔法
　植物のエネルギーを利用して必要な変化を起こすこと。『Magic／魔法』の一分野。実践者は、色、キャンドル、石、音、身振り、動作などのエネルギー同様、『Personal Power／個人のパワー』を利用する。

Hex／魔力
　『Curse／呪い』を参照。

Imbolc／インボルク
　２月２日に行われる、『Wiccan／ウイッカン』の祭り。インボルクは春の訪れを祝い、昔から魔術を実践するときである。

Incubus／インキュバス
　女性を性的に誘惑して襲うと言われる、男性の悪魔あるいは霊。『Succubus／サキュバス』を参照。

Infusion／浸出液
　熱い（沸騰はしていない）湯にハーブを浸したもの。煎じ液または、ハーブの煎じ液。薬。

Invocation／招かん
　神の出現を呼び出すこと、招き入れること。祈り。『Ritual／儀式』のあい

だに神が現れることの要求。また、内なる神の覚醒を生む、超常的な実践。『Evocation／降霊』を参照。

Luck, Good／幸運

タイムリーに正しい選択をし、正しく行動し、自分をポジティブな状況に置ける個人の能力。「悪運」は、自己責任を受け入れようとせず、無視することから起こる。

Lughnasadh／ルーナサ

8月1日に行われる『Wiccan／ウイッカン』の祭り。最初の収穫と、太陽エネルギーの象徴的な衰退を祝う。

Mabon／メイボン

9月21日頃行われる『Wiccan／ウイッカン』の祭りで、2度目の収穫を祝う秋分の日。秋が冬へと移り変わる。感謝と内省のとき。

Magic／魔法、魔術

必要な変化を生み出すための、自然なエネルギー（『Personal Power／個人のパワー』など）の動き。エネルギーは、人間、星、石、色、音、動きなど、あらゆるものの中にある。魔法はこのエネルギーを目覚めさせ、あるいは高め、それに目的を与える。そしてそれを解放するプロセスである。あまり理解されてはいないが、魔法は超自然的なものではなく、自然な働きかけである。『詳しくは、Herb Magic／ハーブの魔法』を参照。

Magic Circle／魔法円

『Personal Power／個人のパワー』で作りあげられた領域。その中で魔法の儀式が行われることが多い。魔法の領域は地面に描かれた円だけでなく、その上下の空間も含んでいる。魔法円は『Visualization／視覚化』と『Magic／魔法』を通して作られる。

Meditation／瞑想
　自分自身などの内側へ、あるいは神や自然などの外側へ向かって熟考、沈思すること。内省の中、実践者はそこで特定の思想やシンボルについて考えをめぐらせたり、それらを受け入れたりする。

Midsummer／夏至
　1年で最も日の長い日（6月21日前後）で、『Wiccan／ウイッカン』の祭りのひとつであり、すばらしい魔術の夜。夏至は太陽のパワーが絶頂期であることを象徴的に示す。

Noncombustible Incense／着火しにくいインセンス
　硝酸カリウムを含まないインセンスで、香りを出すには熱が必要。『Combustible Incense／着火しやすいインセンス』を参照。

Ostara／オスタラ
　春分の日（年により3月20日～3月24日）に行われる『Wiccan／ウイッカン』の祭りで、春の訪れを祝う。肥沃な大地の再生を祝う火祭りで、魔術に最適なときである。

Pagan／異教徒
　もとの意味は「ラテン系の田舎住人」。今では『Wicca／ウイッカ』や他のシャーマニズム、多神教、魔術を信じる宗教の信奉者という意味で主に使われる。

Pentagram／五芒星
　基本的な五角形の星形で、先端のひとつが上を向いている。五芒星は五感、5つの元素（土、風、火、水、『Akasha／アーカーシャ』）、手、人間の体を表している。それは防御のシンボルで、バビロンの時代から使われている。今では『Wicca／ウイッカ』と関連づけられることが多い。パワーのシンボル。

Personal Power／個人のパワー

私たちの肉体を支えるエネルギー。『Magic／魔法』に使える。

Psychic Mind／精神

意識下の、あるいは無意識の心で、私たちはそこでサイキックな衝動を受ける。精神は、眠り、夢を見、瞑想しているときも働いている。『Divination／占い』は、精神に触れるために作られた儀式のプロセスである。直感は、思いがけず意識（顕在意識）に届く精神（潜在意識）からの知らせである。『Psychism／サイキズム』は、その知らせを意識（顕在意識）が認識できる状態を表す。

Psychism／サイキズム

意識（顕在意識）が精神（潜在意識）からの知らせを認識できる状態。『Ritual Consciousness／儀式的な意識』はサイキズムの一種である。

Reincarnation／輪廻転生

生まれ変わることの教義。セックスレスでエイジレスな魂の進化を許すために、人間への肉体化を繰り返すプロセス。

Ritual／儀式

式典。物体の動きや操作、あるいは望ましい効果をあげるために設計された内なるプロセスの特定形式。宗教において、儀式は神との結合に合わせて調整されている。『Magic／魔法』において、それは魔術師が魔法の目的達成に向けてエネルギーを動かす、意識の特別な状態を生み出す。『Spell／呪文』は魔術の儀式である。

Ritual Consciousness／儀式的な意識

魔術を成功させるために必要な特定の覚醒状態。魔術師はこれを『Visualization／視覚化』と『Ritual／儀式』を使ってやり遂げる。それは『Conscious Mind／意識』と『Psychic Mind／精神』が調和する状態を表し、そこで魔術師はエネルギーを感じ、魔法の目的達成に向けて解放する。それは

感覚を高め、現実世界を超えた覚醒を拡大して、自然や神のすべての概念の背後にある力とつながる。

Sabbat／サバト（魔女の集会）

『Wiccan／ウイッカン』の祭り。『Beltane／ベルテーン』、『Imbolc／インボルク』、『Lughnasadh／ルーナサ』、『Mabon／メイボン』、『Midsummer／夏至』、『Ostara／オスタラ』、『Samhain／サムハイン』、『Yule／ユール』を参照。

Sachet／サシェ

ハーブを入れた布の袋。『Herb Magic／ハーブの魔法』では、サシェはハーブのブレンドを入れるのに使われ、魔法の目的のためのエネルギーをゆっくりと解放する。

Samhain／サムハイン

『Wiccan／ウイッカン』の祭りで、10月31日に行われる。サーウェインは冬の訪れの前にエネルギーを集めることである。夜には魔術を行う。

Scry, To／水晶占い

『Conscious Mind／意識』を静め、『Psychic Mind／精神』に触れるために、ある物体（セキエイ結晶の球体、水たまり、反射、キャンドルの炎）を見つめること。これは五感以外で過去や現在の出来事を把握するだけでなく、未来に起こる可能性のある出来事を水晶が予測することである。『Divination／占い』のひとつ。

Spell／呪文、魔法

魔術の『Ritual／儀式』であり、本来は宗教とは関係なく、口述の行為が伴う場合が多い。

Succubus／サキュバス

女性の精霊あるいは悪魔で、男性を性的に誘惑して襲うと信じられてきた。

夢精を神学的に説明したものだった可能性もある。『Incubus／インキュバス』を参照。

Talisman／お守り
魔法のエネルギーに『Empowered／パワーを注入された』物体で、それを持つ人に特別な力やエネルギーを引き寄せるもの。『Amulet／魔除け』を参照。

Tincture／ティンクチャー（チンキ剤）
エチルアルコール（あるいは医学的に用いるアップルサイダービネガー）に植物の材料を浸して作る、香りのある液体。

Visualization／視覚化
心のイメージを作り出すプロセス。魔法の視覚化は、『Ritual／儀式』のあいだ、必要な目的のイメージを作ることから成る。視覚化は『Empowering／パワーを注入する』、『Magic Circle／魔法円』を作ることなど、様々な目的の『Magic／魔術』のあいだに、『Personal Power／個人のパワー』や自然のエネルギーに対しても作用する。それは『Conscious Mind／意識』の機能である。

Wicca／ウイッカ
現代の『Pagan／異教徒』の宗教で、自然への畏敬の念の初期の発現に根づいている。ウイッカは神（Deity）を女神あるいは神とみなす。そのため多神教である。また『Magic／魔術』『Reincarnation／輪廻転生』を受け入れている。自分を『Witch／魔女』という言葉で表すウイッカンもいる。

Wiccan／ウイッカン
『Wicca／ウイッカ』を信奉する者。ウイッカの魔法を実践する者。

Witch／魔女
昔、ヨーロッパの紀元前の民間の魔術、とりわけ『Herb Magic／ハーブの魔法』『Herbalism／ハーバリズム』を実践したヨーロッパ人。『Witchcraft／

魔力』がある。やがてこの用語は、キリスト教を脅かす破壊的な魔術を行う、危険で異常な超自然的存在という意味に故意に変えられた。これは組織宗教側の、政治的、金銭的、性差別的な動きだった。あとの意味は、魔女ではない多くの人々に今でも受け入れられている。『Witch／魔女』という言葉は、『Wicca／ウイッカ』信者が自分を指すときに使うことがある。

Witchcraft／魔力
　『Witch／魔女』の力（craft）のこと。『Magic／魔法』、とりわけ石、『Herb／ハーブ』、色、その他自然物の中にあるエネルギーとともに、『Personal Power／個人のパワー』を利用する魔術。『Wicca／ウイッカ』を信奉する者には、自分の宗教を示すのにこの言葉を使う人がいるため、部外者はとても混乱する。

Wort／麦汁
　『Herb／ハーブ』を表す古い言葉。マグワート（mugwort）はこの麦汁（wort）に由来する。

Yule／ユール
　『Wiccan／ウイッカン』の祭りで、12月21日前後に行われ、太陽神が女神から生まれ変わることを祝う。貧しい冬に喜びをもたらす。ユールは冬至に行う。

付　録

色

　この色とエネルギーのリストは、呪文を唱えるためのキャンドルを選んだり、バスソルトに色をつけたり、儀式全体のカラーコーディネートとして使えます。儀式と色との関連は一般に認められていますが、考え方の違いは多少あります。色は、それ自体が魔法のシステムなのです。

白：防御、浄化、平和、真実、誠実
赤：防御、強さ、健康、活力、性欲、性交、情熱、勇気、魔除け
黒：ネガティブなものの吸収と破壊、重病の治癒、追放
水色：平穏、癒し、忍耐、幸福
濃青：変化、柔軟性、潜在意識、サイキズム、癒し
緑：経済、お金、繁殖、繁栄、成長、幸運、雇用
灰色：中立性
黄：知性、魅力、学業、説得、自信、占い
茶：動物への魔術、動物への癒し、家庭
ピンク：愛、名誉、倫理観、友情
オレンジ：順応性、刺激、魅力
紫：力、重病の治癒、霊性、瞑想

参考文献

　本書は個人的な実験の結果であり、その多くは友人や教師たちによる提案に基づいています。ですが、魔法の香料についてもっと調べたいのであれば、他にも有益な情報が掲載された書物が出版されています。

　それらの中には、魔術の情報をわずかしか含んでいないものもあれば、魔法の教科書となるようなものもあります。どのようなタイプか、以下の出版物のリストには、それぞれ短い説明を添えました。

　また、これらの出版物の多くは、本書にはないレシピを掲載しています。私はそのレシピや各著者の言葉すべてに同意するわけではありませんが、それらを参考にすべきでないとは言いません。

　魔法のハーブ製品に関する文献は、一般的なハーブの魔法に関するものよりもさらに限られています。そのため、そうした書物はハーブの魔法そのものよりも、香料、石鹸、インセンス、軟膏などを作るプロセスばかりを重視する傾向にあります。

　残念ながら、この分野の古典的な文献はほとんどが絶版となっていますが、古書店や図書館や書籍検索で探すことはできます。

　そこで見つけた情報を魔法に活用しましょう。目的に合わせて材料を選び、それにパワーを注ぎ込めば、その本に書かれているプロセスが成功へと導いてくれるはずです。

Agrippa, Henry Cornelius／ヘンリー・コルネリウス・アグリッパ　*"The Philosophy of Natural Magic" Antwerp, 1531*　再版　*Chicago: de Laurence, 1919*　再版　*Secaucus NJ: University Books, 1974.*
この作品はアグリッパの Three Books of Occult Philosophy の第1巻。のちに加えられた興味深い補足も含む。PART Ⅲの「はじめに」で述べたように、疑問の残る翻訳もある。次の項目を参照。

Agrippa, Henry Cornelius／ヘンリー・コルネリウス・アグリッパ　"Three Books of Occult Philosophy" 1533 英訳初版 London, 1651 再版 London: Chthonios Books, 1986.
これは300年以上前の、アグリッパの完全な魔術書を最初に出版したもの。これらの本には彼の時代の多くの魔術の知識がまとめられている。とりわけ、植物、動物、石、星、四大元素など。とくに興味深いのが「煙」のレシピと、植物の惑星的な特性。古典的名著。

Aima／アイマ　"Ritual Book of Herbal Spells" Los Angeles: Foibles, 1976.
幅広い情報源より抜粋されたハーブの魔法の本で、多くのインセンスの調合法を含む（材料の範囲内でとても複雑なものもある）。価値のある本。

Arctander, Steffen／ステファン・アークテンダー　"Perfume and Flavor Materials of Natural Origin" Elizabeth, NJ: 著者による出版 1960.
精油の学術的考察。その製造、性質、および使用材料。魔術的な情報はない。

Bailes, Edith G／エディス・G・ベイルズ　"An Album of Fragrance" Richmond, Maine: Cardamon Press, 1983.
ハーブレシピと、インセンス、オイル、サシェを作るための加工技術が書かれた楽しい小冊子。精製された油脂を使ったアンフルラージュの説明書も含むが、儀式的な情報はない。

Barrett, Francis／フランシス・バレット　"The Magus: A Complete System of Occult Philosophy" Secaucus, NJ: University Books, 1967.
この本は、何世紀も前の儀式的な魔術に使われた、一般的なインセンスの調合法の大半について書かれている。バレットはこれらを1700年代後半に集め、アグリッパの影響を強く受けた。"The Magus"は現在、特大のペーパーバック版がある。

Conway, David／デビッド・コンウェイ　"Magic: An Occult Primer" New York: Bantam, 1972.

参考文献

ミスター・コンウェイは興味深い空飛ぶ薬の調合法や、それに似た危険なものの作り方を書いているが、それに伴うリスクを読者に警告していない。興味深いが、試すことをおすすめはしない。

Conway, David／デビッド・コンウェイ　"The Magic of Herbs" New York: Dutton, 1973.
この本は、ハーブの麻酔薬の古い調合法も含め、ハーバリズムや星占いについても考察している。

Devine, M.V.／M・V・ディバイン　"Brujeria: A Study in Mexican-American Folk-Magic" St. Paul: Llewellyn Publications, 1982.
ミズ・ディバインは、ここにインセンスやオイルのレシピをいくつか掲載しており、私は彼女の許可を得て、この本からいくつか再現した。機知に富んだすばらしい作品。

Duff, Gail／ゲイル・ダフ　"A Book of Potpourri: New and Old Ideas for Fragrant Flowers and Herbs" New York: Beaufort Books, 1985.
この美しいイラスト入りの本は、インセンス、香りつきインク、石鹸、その他のハーブ製品の調合法が豊富に掲載されているが、儀式的な魔術よりも化粧品に着目している。

Fettner, Ann Tucker／アン・タッカー・フェットナー　"Potpourri, Incense and Other Fragrant Concoctions" New York: Workman, 1977.
この楽しい本にはインセンスの項目があり、コーン型のインセンスの作り方も説明されている。レシピは、魔法とは関係のないブレンドを作るためのもの。

Griffith, F.L. and Herbert Thompson, eds／F・L・グリフィス、ハーバート・トンプソン　"The Leyden Papyrus: An Egyptian Magical Book" New York: Dover, 1974.
3世紀のエジプトで書かれた魔術の古文書。興味深いハーブの魔法が書かれているが、その多くはほとんど理解できない。

Hansen, Harold A／ハロルド・A・ハンセン "The Witch's Garden" Santa Cruz, CA: Unity Press, 1978.
昔の空飛ぶ薬についての考察。実用書とうたわれていたが、実際そうではない。ハーバリズムの非常にネガティブな面（毒性、ドラッグなど）を重要視している。偏見にとらわれた気の滅入る本。そのようなことに興味がない場合は、おすすめはしない。

Hayes, Carolyn H／キャロリン・H・ヘイズ "Pergemin: Perfumes, Incenses, Colors, Birthstones: Their Occult Properties and Uses" Chicago: Aries Press, 1937.
このすばらしい小冊子は、残念ながら長いあいだ絶版となっている。オイルについての興味深い情報や多くのレシピとともに、インセンスについてのすばらしい項目もある。

Huson, Paul／ポール・ヒューソン "Mastering Herbalism" New York: Stein and Day, 1974.
この本には、香水（オイル）やインセンスの合成などの章があり、興味深いレシピも含まれている。

Junius, Manfred M／マンフレッド・M・ジュニアス "Practical Handbook of Plant Alchemy" New York: Inner Traditions International, 1985.
錬金術実験の緻密な作業を紹介している高度な論文。

Leyel, C.F.／C・F・レイエル "The Magic of Herbs" New York: Harcourt, Brace and Company, 1926. 再版 Toronto: Coles, 1981.
真の名著。この本には香料、サシェについての章があり、大昔からのレシピが非常に多く書かれている。真剣に魔法のハーバリストを勉強したい方には必読。

Malbrough, Ray／レイ・マルボロー "Charms, Spells and Formulas" St.Paul: Llewellyn Publications, 1986.
ルイジアナのブードゥー教魔術の信頼できる手引書。インセンス、オイル、パウダー、化粧水のすばらしいレシピを数多く含む。本物のケイジャンの魔術。

参考文献

Maple, Eric／エリック・メイプル "The Magic of Perfume" New York: Weiser, 1973.
魔法の香りの世界への入門書。この短い本は不思議と包括的であり、価値がある。

Mathers, S.Liddell MacGregor, ed. and trans／S・リデル・マグレガー・メイザース "The Key of Solomon the King (Clavicula Salomonis)" 1888. 再版 New York: Samuel Weiser, 1972.
この作品は、すべての魔術書の中でおそらく最も有名な翻訳であり、インクの魔除けやアスペルガーの調合法、その他のハーブの情報を含んでいる。

Meyer, David／デビッド・マイヤー "Sachets, Potpourri and Incense Recipes" Glenwood, IL: Meyerbooks, 1986.
この小冊子はレシピとプロセスを集めたもの。ハーブの香料に使われる材料について述べた短い項目がある。魔術の情報はない。

Moldenke, Harold N. and Alma L.／ハロルド・N・モルデンケ、アルマ・L "Plants of the Bible" Waltham, MA: Chronica Botanica Company, 1952.
2000年近い昔、中近東での宗教や魔術に使われていたハーブ、樹皮、樹脂の学術的考察。

Paulsen, Kathryn／キャスリン・ポールセン "Witches' Potions and Spells" Mount Vernon, NY: Peter Pauper Press, 1971.
古代の情報から抜粋した呪文の、魅力あふれる概要。この本には多くのブリューのレシピが掲載されているが、扱いにくい材料もある。

Poucher, William A／ウィリアム・A・パウチャー "Perfumes, Cosmetics and Soaps" 3 Vols. Princeton, NJ: D. Van Nostrad and Co.,Inc.,1958.
香料や化粧品の原料について深く掘り下げて調べた知性的な本。残念ながら、魔法の情報は欠落している。

Salat, Barbara and David Copperfield, eds／バーバラ・サラート、デビッド・コパフィールドなど "Well-Being: Advice from the Do-It-Yourself Journal for Healthy Living" Garden City, NY: Anchor Press/Doubleday, 1979.
ハーバリズムの優れた入門書。自分のハーブの治療薬や化粧品などを、石鹸のレシピで作るための情報が豊富に盛り込まれている。魔法の知識は含まれていない。

Slater, Herman ed／ハーマン・スレーターなど "The Magical Formulary" New York: Magickal Childe, 1981.
この作品は、ウイッカや儀式的魔術の健全な抽出サンプルとともに、インセンス、オイル、パウダーのブードゥー式の調合法に着目している。一部、残念ながら呪いのレシピが含まれているが目をつぶること。

Tarotstar／タロットスター "The Witch's Formulary and Spellbook" New York: Original Publications, 出版年不明
インセンス、オイル、インクなどのレシピを集めたもの。「黒魔術」（ネガティブな呪いをかけるようなもの）も多く含まれる。こうしたネガティブな情報を無視できれば、基本的には優れた原典である。

Thompson, C.J.S／C・J・S・トンプソン "The Mysteries and Secrets of Magic" New York: The Olympia Press, 1972.
このすばらしい作品はインセンスに関する章があり、他では手に入らない魔術の情報も多く含まれている。

Thompson, C.J.S／C・J・S・トンプソン "The Mystery and Lure of Perfume" Philadelphia: J.B.Lippincott, 1927.
香料、インセンス、その他、香りのする古来のものに注目したすばらしい本。レシピもいくつか掲載してある。

Traven, Beatrice／ベアトリス・トラーベン "The Complete Book of Natural Cosmetics"

New York: Simon and Schuster, 1974.
自然の香料を作る章が含まれた作品だが、これもまた魔術の情報はない。

Verrill, A.Hyatt／A・ハイアット・ベリル "Perfumes and Spices" *New York: L.C.Page and Co.,1940.*
オイルのブレンドやレシピとともに、多くの興味深いヒントを含む、香料についての詳細な記述(魔術ではないが)がある。この情報の多くは、前述のウィリアム・A・パウチャー著"Perfumes, Cosmetics and Soaps"からのものと思われる。

Vinci, Leo／レオ・ビンチ "Incense: Its Ritual Significance, Use and Preparation" *New York: Weiser, 1980.*
多くのレシピやヒントを含む、役に立つ小冊子。コーン型のインセンスの作り方も掲載してある。

植物名の索引／一般名称と解説

よくある名前というものは、本当によくあるものです。それらは国によって、あるいは地域によってすら異なっています。変化に富んだ名前は混乱を招きます。識別を容易にするため、本書で紹介した植物のリストを、以下にラテン語名とともに記しました。

植物の正確な識別は、要因が多いため困難です。こうした場合は属名だけ表示します。

また、安全性に従ってマークをつけました。(☒)と分類された植物は口に入れてはなりません。(▲)と分類された植物は、特定の健康問題を抱える人には悪影響を及ぼすかもしれないので注意が必要です（糖尿病、モノアミンオキシダーゼ阻害剤使用者、腎臓病など）。(Ⓟ)と分類された植物は、妊娠中や授乳中には使用してはいけません。

※学名（ラテン語）に関して、現代では学名が変更されているものもある。また、原著の学名が違っているものもある。必要に応じて、（→今は）、（→正しくは）など加筆・修正した。

	原著名	ハーブ名	学名（ラテン語名）	別名・解説
	Acacia Gum	アカシア樹脂	*Acacia senegal* の樹脂	アラビアゴムノキの樹脂、アラビアゴム、アラビアゴム。Acacia：アカシアはアカキア（アカシア）属の総称
☒	Aconite	アコナイト	*Aconitum napellus*	モンクスフード
▲	Acorn (fruite of the oak)	エイコーン	*Quercus alba*（→正確には *Quercus* spp. や *Lithocarpus* spp. の果実）	ドングリ（コナラ属やマテバシイ属などの果実）
	Agrimony	アグリモニー	*Agrimonia eupatoria*	セイヨウキンミズヒキ
	Allspice	オールスパイス	*Pimenta dioica*	ジャマイカペッパー、ピメンタ
	Almond	アーモンド	*Prunus dulcis*	ヘントウ

	Aloe, Wood	アロエウッド（沈香【じんこう】）	*Aquilaria agollocha* (→今は *Aquilaria malaccensis*)	アガーウッド。沈香は正しくは沈水香木【じんすいこうぼく】。アクイラリア属（特に *Aquilaria malaccensis*）やギリノプス属植物が傷ついたときにだす樹脂。特に良質なものは伽羅【きゃら】と呼ばれる。産地によりシャム沈香、タニ沈香などがある
	Amaranth	アマランサス	*Amaranthus hypochondriacus*	プリンスオブウェールズフェザー
	Ambrette	アンブレット	*Hibiscus abelmoschus* (→今は *Abelmoschus moschatus*)	リュウキュウトロロアオイ
▲ P	Angelica	アンゼリカ	*Angelica archangelica*	セイヨウトウキ、ヨロイグサ
	Anise	アニス	*Pimpinella anisum*	セイヨウウイキョウ
	Apple	アップル	*Pyrus* spp.（→正しくは *Malus* spp.）	*Malus*（リンゴ）属
	Apricot	アプリコット	*Prunus armeniaca*	アンズ
	ArabicGum	アラビアガム	*Acacia vera* (→今は *Acacia nilotica*) の樹脂	アラビアゴムモノドキの樹脂、アラビアゴム
	Asafoetida	アサフェティダ	*Ferula assa-foetida*	アギ
	Ash	アッシュ	*Fraxinus excelsior*; *F.americana*	*Fraxinus excelsior* はコモンアッシュ、ヨーロピアンアッシュ、セイヨウトネリコなどと、*F.americana* はホワイトアッシュ、アメリカンアッシュ、アメリカトネリコなどと呼ばれる。アッシュは広義ではフラキシヌス（トネリコ）属の総称
	Avens	アベンス	*Geum urbanum*	
	Baby's Breath	ベイビーズブレス	*Gypsophila paniculata*	宿根カスミソウ
✗	Balm of Gilead	バームオブギリアド	*Commiphora opobalsamum* (→今は *Commiphora gileadensis*)	*Commiphora gileadensis* はアラビアバルサムを指す。なお、*Cedronella canariensis* も *Populus × jackii* もバームオブギリアドである
	Barley	バーリー	*Hordeum* spp.	オオムギ
P	Basil	バジル	*Ocimum basilicum*	メボウキ
	Bay	ベイ	*Laurus nobilis*	月桂樹、ローリエ、ローレル
	Bayberry	ベイベリー	*Myrica* spp.	ミリカ（ヤマモモ）属

	Bdellium, Gum	デリアム樹脂	*Bursera* spp.（→正しくは *Commiphora wightii* と *C. africana* の樹脂）	ブデリウム樹脂。*Commiphora wightii*（インディアンデリアムトゥリー、グガル、ムクルミルラトゥリー）と *C. africana*（アフリカンミルラ）の樹脂
	Beet	ビート	*Beta vulgaris*	テンサイ、サトウダイコン
❌	Belladonna	ベラドンナ	*Atropa belladonna*	デッドリーナイトシェイド、オオカミナスビ、セイヨウハシリドコロ
	Benzoin	ベンゾイン（安息香【あんそくこう】）	*Styrax benzoin* の樹脂	アンソクコウノキの樹脂
P	Bergamot	ベルガモットミント	*Mentha citrata*（→今は *Mentha × piperita*）	レモンミントやオレンジミント、オーデコロンミントなど、ペパーミントのなかま。柑橘のベルガモットオレンジでもモナルダ（タイマツバナ）でもない
	Betony, Wood	ウッドベトニー	*Betonica officinalis*（→今は *Stachys officinalis*）	カッコウチョロギ
	Birch	バーチ	*Betula alba*（→今は *Betula pubescens*）	バーチは一般にはブテラ（カバノキ）属全般をさす。*Betula pubescens* (*B. alba*) はヨーロッパダケカンバ。ちなみにシラカンバ（シラカバ）は *B. pendula*（オウシュウシラカンバ）や *B. platyphylla*（シラカンバ）など数種ある
	Birthwort	バースワート	*Aristolochia clematitis*（→広義には *Aristolochia* spp.）	広義ではアリストロキア（ウマノスズクサ）属の総称
	Bistort	ビストート	*Polygonum bistorta*（→今は *Persicaria bistorta*）	イブキトラノオ
	Blackberry	ブラックベリー	*Rubus villosus*（→今は *Rubus corchorifolius*）	*Rubus corchorifolius* (*R. villosus*) はビロードイチゴで、ブラックベリーは *R. plicatus* などの数種の総称
❌	Black Hellebore	クリスマスローズ	*Helleborus niger*	ブラックヘレボア
❌	Black Nightshade	ブラックナイトシェイド	*Solanum nigrum*（→今は *Solanum americanum*）	イヌホオズキ
	Black Pepper	ブラックペッパー	*Piper nigrum*	クロコショウ
	Black Tea	ブラックティー	*Thea sinensis*（→今は *Camellia sinensis*）	紅茶
▲ P	Bladderwrack	ブラダーラック	*Fucus vesiculosus*	フーカス、ヒバマタ

	Boysenberry	ボイセンベリー	*Rubus ursinus × R. idaeus*	ヨーロピアンラズベリーとブラックベリー、アメリカンデューベリーの交配種
	Broom	ブルーム	*Cytisus scoparius*	エニシダ
☒	Bryony	ブライオニー	*Bryonia* spp.	ブリオニア属
℗	Buchu	ブッコ	*Agathosma betulina*	ブッコノキ、ラウンドブック
	Cachana	カチャナ	*Liatris punctata*	ドッテッドブレイジングスター
	Calamint	カラミント	*Calamintha* spp. (→今は *Clinopodium* spp.)	クリノポディウム属
☒	Calamus	カラムス	*Acorus calamus*	スイートフラッグ、ショウブ
℗	Camomile	カモミール	*Anthemis nobilis* (→今は *Chamaemelum nobile*) German Camomile okay for P	ローマンカモミールは *Chamaemelum nobile*、ジャーマンカモミールは *Matricaria chamomilla*。ジャーマンカモミールは妊娠中、授乳中も使用可
☒	Camphor	カンファートゥリー	*Cinnamomum camphora*	クスノキ
	Caper	ケイパー	*Capparis spinosa*	トゲフウチョウボク
	Caraway	キャラウェイ	*Carum carvi*	ヒメウイキョウ
	Cardamom	カルダモン	*Elettaria cardamomum*	ショウズク
☒	Carnation	クローブピンク	*Dianthus caryophyllus*	カーネーション
	Cassia	カシア	*Cinnamomum cassia*	シナニッケイ
	Castor	キャスター	*Ricinus communis*	トウゴマ、ヒマ
℗	Catnip	キャットニップ	*Nepeta cataria*	イヌハッカ
	Cayenne	カイエヌペッパー	*Capsicum frutescens* (→今は *Capsicum annuum*)	カイエンペッパー
	Cedar	シーダー	*Cedrus libani* or *Cedrus* spp.	*Cedrus libani* はレバノンスギ。シーダーは一般にはケドゥルス（ヒマラヤスギ）属の総称 Ceaderwood: シダーウッド
	chickweed	チックウィード	*Stellaria media*	コハコベ、ハコベラ
	Chicory	チコリ	*Cichorium intybus*	キクニガナ
	Chrysanthemum	クリサンテムム	*Chrysanthemum* spp.	クリサンテムム（キク）属、クリサンセマム
	Cinnamon	シナモン	*Cinnamomum zeylanicum* (→今は *Cinnamomum verum*)	セイロンニッケイ

	英名	カナ	学名	備考
	Cinquefoil	シンクフォイル	*Potentilla canadensis* or *P. reptans*	*Potentilla canadensis* はカナディアンシンクフォイル、ドワーフシンクフォイルなどと、*P. reptans* はクリーピングシンクフォイル、ヨーロピアンシンクフォイルなどとも呼ばれる。シンクフォイルは広義ではポテンティラ（キジムシロ）属の総称
	Citron	シトロン	*Citrus medica*	
▲ P	Clove	クローブ	*Syzygium aromaticum*	チョウジ
	Clover	クローバー	*Trifolium* spp.	トウリフォリウム（シャクジソウ）属
	Club Moss	クラブモス	*Lycopodium clavatum*	ヒカゲノカズラ
	Coconut	ココナッツ	*Cocos nucifera* の果実	ココヤシの果実
✕	Comfrey	コンフリー	*Symphytum officinale*	ヒレハリソウ
	Copal	コーパル	*Bursera* spp. などの樹脂	ブルセラ属などの樹脂の半化石化したもの。完全に化石化すると琥珀【こはく】と呼ばれる。現存する植物ではほかに、*Hymenaea*（ヒメナエア）属、*Agathis*（アガティス）属などからも得られる
	Coriander	コリアンダー	*Coriandrum sativum*	コエンドロ、シャンツァイ、パクチー、シラントロ
	Corn	コーン	*Zea mays*	トウモロコシ
	Costmary	コストマリー	*Balsamita major* (→今は *Tanacetum balsamita*)	
	Costus	コスタス	*Aplotaxis lappa* (→今は *Saussurea costus*)	モッコウ。なお、*Costus* spp. もコスタスという
✕	Cowbane	カウベイン	*Cicuta virosa*	ドクゼリ
	Crocus	クロッカス	*Crocus vernus*	ハナサフラン
	Cubeb	クベブ	*Piper cubeba*	
	Cucumber	キューカンバー	*Cucumis sativus*	キュウリ
	Cumin	クミン	*Cuminum cyminum*	
P	Cypress	サイプレス	*Cupressus sempervirens*	*Cupressus sempervirens* はホソイトスギ。サイプレスは一般にはヒノキ科の総称
	Damiana	ダミアナ	*Turnera diffusa*	
✕	Deadly Nightshade	デッドリーナイトシェイド	*Solanum* spp. (→正しくは *Atropa belladonna*)	ベラドンナ、オオカミナスビ、セイヨウハシリドコロ

	英名	カナ	学名	解説
☒	Deerstongue	ディアーズタン	Frasera speciosa or Liatris odoratissimus (→今は Trilisa odoratissima)	Frasera speciosa はエルクウィードやディアーズイヤー、モニュメントプラントなどと、Trilisa odoratissima (Liatris odoratissimus) はバニラプラント、バニラリーフ、ワイルドバニラなどとも呼ばれる。それぞれ全く異なる植物
	Dill	ディル	Anethum graveolens	イノンド
	Dittany of Crete	ディタニーオブクリート	Dictamnus origanoides (→正しくは Origanum dictamnus)	
	Dock	ドック	Rumex spp.	ルメックス（スイバ）属
	Dogwood	ドッグウッド	Cornus florida	アメリカヤマボウシ
	Dragon's Blood	ドラゴンズブラッド（流血【りゅうけつ】）	Daemonorops draco or Dracaena spp.	流血樹【リュウケツジュ】などのドゥラカエナ（ドラセナ）属の樹脂、キリンケツヤシ (Daemonorops draco) の果実の加工品
	Elder	エルダー	Sambucus canadensis	Sambucus canadensis はアメリカニワトコ。エルダーは欧州や日本では一般に Sambucus nigra（セイヨウニワトコ） Elder flower: エルダーフラワー（エルダーの花）
☒	Eucalyptus	ユーカリ	Eucalyptus spp.	エウカリプトゥス（ユーカリ）属
☒	Euphorbium	ユーフォルビア	Euphorbia spp.	エウフォルビア（トウダイグサ）属
	Eyebright	アイブライト	Euphrasia officinalis	コゴメグサ
	Fennel	フェンネル	Foeniculum vulgare	ウイキョウ
☒	Fern	ファーン	various plants (→正しくは various plants in Pteridophyta)	シダ植物門 (Pteridophyta) のさまざまな植物
▲	Flax	フラックス	Linum usitatissimum	アマ
	Fleabane	フリーベイン	Erigeron canadensis	エリゲロン。ヒメムカシヨモギ。フリーベインという名は数種の植物があり、Pulicaria dysenterica もそのひとつ
	Fleawort	フリーワート	Inula conyza	プラウマンズスパイクナード
	Frankincense	フランキンセンス（乳香【にゅうこう】）	Boswellia carteri (→今は Boswellia sacra) の樹脂	オリバナムとも。Boswellia sacra のほか数種のボスウェルリア属の樹脂
	Fumitory	フミトリー	Fumaria officinalis	カラクサケマン

	Galangal	ガランガル	Alpinia officinarum or A. galanga	Alpinia officinarum はレッサーガランガルなどと、A. galanga はグレイターガランガルやタイガランガルなどと呼ばれる。ガランガルはこれらを含めたショウガ科数種の総称
	Gall nuts (Oak galls from Quercus alba?)	ゴールナッツ（没食子【もっしょくし】）		オークゴール
	Gardenia	ガーデニア	Gardenia spp.	ガルデニア（クチナシ）属
	Garlic	ガーリック	Allium sativum	ニンニク
☒	Geranium (scented varieties)	センテッドゼラニウム	Pelargonium spp.	ニオイゼラニウム
	Ginger	ジンジャー	Zingiber officinale	ショウガ
	Ginseng	ジンセン	"Panax ginseng "	コウライニンジン、オタネニンジン。ジンセンは広義ではパナックス（トチバニンジン）属の総称で、北米にはアメリカニンジン（Panax quinquefolius）がある
	Grains of Paradise	グレインズオブパラダイス	Aframomum melegueta の種子	ギニアショウガの種子、メルグエッパ
	Grape	グレープ	Vitis vinifera	ブドウ
	Grapefruit	グレープフルーツ	Citrus paradisi	
	Ground Ivy	グラウンドアイビー	Nepeta hederacea（→今は Glechoma hederacea）	セイヨウカキドオシ
	Gum Acacia	アカシア樹脂	Acacia senegal の樹脂	アラビアゴムノキの樹脂、アラビアガム、アラビアゴム。Acacia：アカシアはアカキア（アカシア）属の総称
	Gum Ammoniac	アンモニアゴム	Ferula spp. の樹脂	ガム・アンモニアック
	Gum Arabic	アラビアガム	Acacia vera（→今は Acacia nilotica）の樹脂	アラビアゴムモノドキの樹脂、アラビアゴム
	Gum Bdellium	デリアム樹脂	Bursera spp.（→正しくは Commiphora wightii と C. africana の樹脂）	ブデリウム樹脂。Commiphora wightii（インディアンデリアムトゥリー、グガル、ムクルミルラトゥリー）と C. africana（アフリカンミルラ）の樹脂
	Gum Mastic	マスティックガム（洋乳香【ようにゅうこう】）	Pistacia lentiscus の樹脂	マスティハ
	Gum Scammony	スカモニア樹脂	Convolvulus scammonia の樹脂	

	Gum Tragacanth	トラガカンス	*Astragalus gummifer* (→今は *Astracantha gummifera*) の樹脂	トラガカントゴム、トラガントゴム、タラカントゴム
	Hazel	ヘーゼル	*Corylus* spp.	コリルス（ハシバミ）属
	Heather	ヘザー	*Calluna* spp. or *Erica* spp.	ヒース。カルルーナ属やエリカ属
✕	Helenium	ヘレニウム	*Helenium* spp.	ヘレニウム属
✕	Heliotrope	ヘリオトロープ	*Heliotropium europaeum* or *H. arborescens*	*Heliotropium europaeum* はヨーロピアンヘリオトロープ、*H. arborescens* はガーデンヘリオトロープと呼ばれる。ヘリオトロープは広義ではヘリオトゥロピウム（キダチルリソウ）属の総称
✕	Hellebore, Black	クリスマスローズ	*Helleborus niger*	ブラックヘレボア。hellebore：ヘレボアはヘルレボルス（クリスマスローズ）属植物の総称
✕	Hemlock	ヘムロック	*Conium maculatum*	ドクニンジン
▲	Hemp	ヘンプ	*Cannabis sativa*	アサ
✕	Henbane	ヘンベイン	*Hyoscyamus niger*	ヒヨス
	Hibiscus	ハイビスカス	*Hibiscus* spp.	ヒビスクス（ハイビスカス）属
	Holly	ホーリー	*Ilex aquifolium* or *I. opaca*	*Ilex aquifolium* はコモンホーリー、イングリッシュホーリー、ヨーロピアンホーリーなどと、*I. opaca* はアメリカンホーリーなどとも呼ばれる
	Honeysuckle	ハニーサックル	*Lonicera caprifolium*	*Lonicera caprifolium* は イタリアンハニーサックルルとも呼ばれ、欧州や日本でハニーサックルと言えば *L. periclymenum* を指す
▲	Hops	ホップ	*Humulus lupulus*	セイヨウカラハナソウ
P	Horehound	ホアハウンド	*Marrubium vulgare*	ニガハッカ
✕	Hyacinth	ヒアシンス	*Hyacinthus orientalis*	
	Hyssop	ヒソップ	*Hyssopus officinalis*	ヤナギハッカ
	Iris	イリス	*Iris* spp.	イリス（アヤメ）属
	Irish Moss	アイリッシュモス	*Chondrus crispus*	トチャカ
✕	Ivy	アイビー	*Hedera* spp.	ヘデラ（キヅタ）属

	Jasmine	ジャスミン	*Jasminum officinale* or *J. odoratissimum*	*Jasminum officinale* はコモンジャスミン（ソケイ）、*J. odoratissimum* はイエロージャスミン。ジャスミンは広義ではヤスミヌム（ソケイ）属の総称
▲P	Juniper	ジュニパー	*Juniperus communis*	*Juniperus communis* はコモンジュニパー、セイヨウネズ。ジュニパーは広義ではユニペルス（ビャクシン）属の総称 Juniper berry: ジュニパーベリーはジュニパーの別名で使われる場合とジュニパーの果実を指す場合がある
	Kava Kava	カヴァカヴァ	*Piper methysticum*	カヴァ
	Kelp (sea plants including Bladderwrack)	ケルプ	*Fucus vesiculosus* など	ブラダーラックを含む海草
	Knotgrass	ノットグラス	*Polygonum aviculare*	ミチヤナギ
	Lavender	ラベンダー	*Lavandula officinalis* or *L. vera* (→ 今は *Lavandula angustifolia*)	トゥルーラベンダー、真正ラベンダー。スパイクは *L.latifolia*、ラバンディンは *L. × intermedia*、フレンチラベンダーは *L.stoechas*
	Lemon	レモン	*Citrus limon*	
	Lemon Balm	レモンバーム	*Melissa officinalis*	メリッサ、コウスイハッカ、セイヨウヤマハッカ
P	Lemongrass	レモングラス	*Cymbopogon citratus*	
	Lemon Verbena	レモンバーベナ	*Lippia citriodora* (→今は *Aloysia citriodora*)	ベルベーヌ、コウスイボク
▲P	Licorice	リコリス	*Glycyrrhiza glabra*	スペインカンゾウ。*Lycoris*（リコリス（ヒガンバナ）属）と混同しやすいので注意
	Lilac	ライラック	*Syringa vulgaris*	リラ、ムラサキハシドイ
	Lily	リリー	*Lilium* spp.	リリウム（ユリ）属
	Lime	ライム	*Citrus limetta*	ライムはキトゥルス属の中でライムと呼ばれる数種の総称。*Citrus limetta* はスイートライムと呼ばれる。日本ではキーライムとも呼ばれる *C. aurantiifolia* が一般的

	Lotus	ロータス	*Nymphaea lotus*	ロータスは一般にはハス科ネルンボ（ハス）属全般、特にアジアではハス（*Nelumbo nucifera*）を、アメリカではアメリカンロータス（*N. lutea*）を指す。*Nymphaea lotus* はスイレン科ニムファエア（スイレン）属のヨザキスイレンで、ニンフェイアロータス、ホワイトエジプシャンロータスなどと呼ばれる。ニムファエア属は一般にはウォーターリリーと呼ばれる
	Lovage	ラビッジ	*Levisticum officinale*	
	Lupine	ルーピン	*Lupinus* spp.	ルピヌス（ルピナス）属
▲	Mace	メース	*Myristica fragrans* の仮種皮	メースはナツメグ（ニクズク）の果肉と種子の間にある仮種皮
	Magnolia	マグノリア	*Magnolia* spp.	マグノリア（モクレン）属
P	Maidenhair fern	メイデンヘアファーン	*Adiantum pedatum*	クジャクシダ
	Mallow	マロウ	*Malva* spp.	マルヴァ（ゼニアオイ）属
X	Mandrake	マンドレイク	*Mandragora officinarum*	広義ではマンドゥラゴーラ属の総称
	Maple	メープル	*Acer* spp.	アケル（カエデ）属
	Marigold	カレンデュラ	*Calendula officinalis*	キンセンカ、ポットマリーゴールド。単にマリーゴールドというとフレンチマリーゴールドと混同するので注意
	Marjoram	マジョラム	*Origanum majorana* or *O. vulgare*	マジョラムは *Origanum majorana*、*O. vulgare* はオレガノ
	Mastic, Gum	マスティックガム	*Pistacia lentiscus* の樹脂	洋乳香、マスティハ
	Meadowsweet	メドウスイート	*Spiraea filipendula* （→今は *Filipendula vulgaris*）	*Filipendula vulgaris*（*Spiraea filipendula*）はドロップワート。メドウスイートは *Filipendula ulmaria* でセイヨウナツユキソウとも
	Mimosa	ミモザ	*Acacia dealbata*	ミモザはアカキア（アカシア）属の数種の総称。*Acacia dealbata* はフサアカシア。マメ科ミモサ（オジギソウ）属と混同しやすいので注意
	Mimulus	ミムルス	*Mimulus moschatus*	マスクフラワー、ニオイミゾホオズキ

	Mint	ミント	*Mentha spicata* (Spearmint); *M. piperita* (Peppermint)	ハッカ。ペパーミントはセイヨウハッカ、スペアミントはミドリハッカ
❌	Mistletoe, American	アメリカンミスルトー	*Phoradendron flavescens*（→今は *Phoradendron leucarpum*)	オークヤドリギ。Mistletoe：ミスルトー（ヤドリギ）類の総称でヨーロピアンミスルトーを含む
❌	Mistletoe, European	ヨーロピアンミスルトー	*Viscum album*	セイヨウヤドリギ
	Mormon Tea	モルモンティー	*Ephedra* spp.	エフェドラ（マオウ）属
	Moss, Club	クラブモス	*Lycopodium clavatum*	ヒカゲノカズラ
🅿	Mugwort	マグワート	*Artemisia vulgaris*	ハタヨモギ
	Mullein	マレイン	*Verbascum thapsus*	ビロードモウズイカ
❌	Mums	マム	*Chrysanthemum* spp.	クリサンテムム（キク）属、クリサンセマム
	Musk Thistle	マスクシスル	*Carduus nutans*	ウナズキヒレアザミ
	Mustard	マスタード	*Brassica* spp.	カラシ、カラシナ
🅿	Myrrh	ミルラ（没薬【もつやく】）	*Commiphora myrrha*	コンミフォラ（ミルラノキ）属の樹脂で、主として *Commiphora myrrha* のほか、*C. habessinica* などの樹脂
	Myrtle	コモンマートル	*Myrtus communis*	ギンバイカ
❌	Narcissus	ナルシッサス	*Narcissus tazetta*	スイセン
	Neroli (essential oil of the Bitter Orange)	ネロリ	*Citrus × aurantium* の花の精油	ビターオレンジの花の精油
	Nettle	ネトル	*Urtica dioica*	セイヨウイラクサ
	Niaouli	ニアウリ	*Melaleuca viridiflora*	
❌	Nightshade	ナイトシェイド	*Solanum*	ナス属全体をさす。特にイヌホオズキはコモンナイトシェイドと呼ばれる
🔺	Nutmeg	ナツメグ	*Myristica fragrans* の仁	ナツメグ（ニクズク）の種子の中にある仁
	Oak	オーク	*Quercus alba*	*Quercus alba* はホワイトオーク。オークは広義にはクエルクス（コナラ）属の総称
	Oakmoss	オークモス	*Evernia prunastri* or *E. furfuraceae*	
	Olive	オリーブ	*Olea europaea*	
	Orchid	オーキッド	*Orchis* spp.	オルキス属、ラン

P	Opoponax	オポポナクス	*Commiphora erythraea*; var. *glabrescens*	本来は *Opopanax chironius* の根の樹脂。現在は *Commiphora erythraea* を中心に、コンミフォラ（ミルラノキ）属数種の樹脂
	Orange	オレンジ	*Citrus sinensis*	スイートオレンジ
	Orris	オリス	*Iris florentina*（→今は *Iris × germanica*）	イリス、ニオイアヤメ。根を乾燥させたものはオリスルート
P	Osha	オシャ	*Ligusticum porteri*	
	Palmarosa	パルマローザ	*Cymbopogon martini*	
	Pansy	パンジー	*Viola tricolor*	サンシキスミレ
	Parsley	パセリ	*Petroselinum sativum*（→今は *Petroselinum crispum*）	
	Passion Flower	パッションフラワー	*Passiflora incarnata*（→今は *Passiflora edulis*）の花	パッションフルーツ（クダモノトケイソウ）の花
	Patchouly	パチョリ	*Pogostemon cablin*	パチュリ。全草を乾燥させたものを霍香【かっこう】という
	Peach	ピーチ	*Prunus persica*	モモ
P	Pennyroyal	ペニーロイヤルミント	*Mentha pulegium*	メグサハッカ
	Peony	ピオニー	*Paeonia officinalis*	オランダシャクヤク
	Pepper, Black	ブラックペッパー	*Piper nigrum*	黒コショウ
	Pepper, Chile	チリペッパー	*Capsicum* spp.	トウガラシ
	Peppermint	ペパーミント	*Mentha piperita*	
	Pepperwort	ペッパーワート	*Lepidium latifolium*	広義ではレピディウム属の総称
▲	Periwinkle	ペリウィンクル	*Vinca major*	ツルニチニチソウ
✕	Petitgrain	プチグレン	*Citrus × aurantium* の茎葉の精油	"ビターオレンジの茎葉の精油"
✕	Pine	パイン	*Pinus* spp.	ピヌス（マツ）属
	Plumeria	プルメリア	*Plumeria acutifolia*（→今は *Plumeria rubra*）	インドソケイ。広義ではプルメリア（インドソケイ）属の総称
	Pokeberry	ポークベリー	*Phytolacca americana*	ポークウィード、ヨウシュヤマゴボウ
	Pomegranate	ポムグレナート	*Punica granatum*	ザクロ
	Poplar	ポプラ	*Populus tremuloides*	アメリカアスペン、アメリカヤマナラシ
	Poppy	ポピー	*Papaver* spp.	パパウェル（ケシ）属

	Primrose	プリムローズ	*Primula vulgaris*	イチゲコザクラ
☒	Ranunculus	ラナンキュラス	*Ranunculus* spp.	ラヌンクルス（キンポウゲ）属
▲	Red Sandalwood	レッドサンダルウッド	*Sanicula marilandica*（→正しくは *Pterocarpus santalinus*）	コウキ、コウキシタン
	Red Storax	レッドストラックス（安息香【あんそくこう】）	*Styrax* spp. の樹脂	スティラクス（エゴノキ）属のうち、特にスマトラ安息香と呼ばれる *Styrax benzoin*（アンソクコウノキ）や *S. paralleoneurus*、シャム安息香と呼ばれる *S. tonkinensis* などから得られる樹脂
▲ ℗	Rhubarb	ルバーブ	*Rheum* spp.（→ルバーブは *Rheum rhabarbarum* や *Rheum × hybridum*）	レウム（ダイオウ）属
	Rose	ローズ	*Rosa* spp.	ロサ（バラ）属
	Rose Geranium	ローズゼラニウム	*Pelargonium graveolens*	
	Rosemary	ローズマリー	*Rosmarinus officinalis*	
℗	Rowan	ローワン	*Sorbus aucuparia*	マウンテンアッシュ、セイヨウナナカマド。広義ではソルブス（ナナカマド）属の総称
℗	Rue	ルー	*Ruta graveolens*	ヘンルーダ
	Saffron	サフラン	*Crocus sativus*	
	Sagapen	サガペン		
	Sage	セージ	*Salvia officinalis*	
	Sagebrush	セージブラッシュ	*Artemisia* spp.	アルテミシア（ヨモギ）属
	St. John's Wort	セントジョーンズワート	*Hypericum perforatum*	セイヨウオトギリソウ
▲	Sandalwood	サンダルウッド	*Santalum album*	白檀【びゃくだん】
	Sarsaparilla	サルサパリラ	*Smilax aspera*	
	Sassafras	サッサフラス	*Sassafras albidum*	広義ではサッサフラス属の総称
	Selenetrope	セレニトロープ		
	Sesame	セサミ	*Sesamum orientale*（→今は *Sesamum indicum*）	ゴマ
	Smallage	スモーレッジ	*Apium graveolens*	セロリ、オランダミツバ

	英名	カナ	学名	解説
	Solomon's Seal	ソロモンシール	Polygonatum officinale (→今は Polygonatum odoratum) or P. multiflorum	Polygonatum odoratum (P. officinale) はセンテッドソロモンシール、P. multiflorum はデイヴィッツハープ、ラダートゥーヘヴンとも呼ばれる
	Spearmint	スペアミント	Mentha spicata	
	Spikenard	スパイクナード	Nardostachys jatamansi	ナルデ。根、根茎の乾燥させたものを甘松香【かんしょうこう】という
	Star Anise	スターアニス	Illicium verum	トウシキミ、ハッカク、ハッカクウイキョウ、ダイウイキョウ
▲	Stephanotis	マダガスカルジャスミン	Stephanotis floribunda (→今は Marsdenia floribunda)	ステファノティス、ハワイアンウェディングフラワー、ワックスフラワー、ブラダルリース
	Storax	ストラックス(蘇合香【そごうこう】)	主として Liquidambar orientalis の樹脂	かつては Styrax officinal の樹脂、現在は Liquidambar orientalis(オリエンタルスイートガム)の樹脂で、Liquidamber styraciflua(アメリカンスチラックス)の樹脂も用いられる
	Strawberry	ストロベリー	Fragaria vesca	ワイルドストロベリー、エゾヘビイチゴ
	Sumbul	スンブル	Ferula sumbul (→今は Ferula moschata) の根	ムスクルート
	Sunflower	サンフラワー	Helianthus annuus	ヒマワリ
▲	Sweet Flag	スイートフラッグ	Acorus calamus	カラムス、ショウブ
	Sweetgrass	スイートグラス	Hierochloe odorata	
	Sweet Pea	スイートピー	Lathyrus odoratus	
	Tamarisk	タマリスク	Tamarix spp.	タマリクス(ギョリュウ)属
	Tangerine	タンジェリン	Citrus reticulata	
P	Tansy	タンジー	Tanacetum vulgare	ヨモギギク
	Tapsus barbatus	マレイン	(→正しくは Verbascum thapsus)	ビロードモウズイカ。*スコットカニンガムが次のように述べている。「おそらく何世紀にも渡り、Taxus baccata (ユー) が誤って書き写されてきたもの。barbatus はトゲがある、あるいはヒゲがあるという意味だが、それでは十分な手がかりとはいえず、本当は何なのかがわからない」
	Tarragon	タラゴン	Artemisia dracunculus	

付録

	英名	カナ	学名	和名・備考
	Tea, Black	ブラックティー	*Thea sinensis*（→今は *Camellia sinensis*）	紅茶
	Thistle	シスル	*Carduus* spp.	カルドゥウス（ヒレアザミ）属
	Thyme	タイム	*Thymus vulgaris*	タチジャコウソウ
	Ti	ティ	*Cordyline terminalis*（→今は *Cordyline fruticosa*）	
▲	Tobacco	タバコ	*Nicotiana* spp.	ニコチアーナ（タバコ）属
✕	Tonka	トンカマメ	*Dipteryx odorata*	トンカの種子
	Tragacanth, Gum	トラガカンス	*Astragalus gummifer*（→今は *Astracantha gummifera*）の樹脂	トラガントゴム、トラガントゴム、タラカントゴム
✕	Trefoil	トゥリフォイル	*Trifolium* spp.	トゥリフォイル（シャジクソウ）属、クローバー
	Tuberose	テューブローズ	*Polianthes tuberosa*	チューベローズ、ゲッカコウ
	Valerian	バレリアン	*Valeriana officinalis*	セイヨウカノコソウ
	Vanilla	バニラ	*Vanilla planifolia*	
	Vervain	バーベイン	*Verbena officinalis*	クマツヅラ
P	Vetivert	ベチバー	*Vetiveria zizanioides*（→今は *Chrysopogon zizanioides*）	ベチベルソウ
	Violet	スイートバイオレット	*Viola odorata*	ニオイスミレ
✕	Water Parsnip	ウォーターパースニップ	*Sium latifolium*？	*Sium latifolium* 以外に、*Sium suave*、*Berula erecta* もウォーターパースニップという
	Wheat	ウィート	*Triticum* spp.	コムギ
P	wild ginger plant	ワイルドジンジャー	*Asarum caudatum*	カナダサイシン
	White Willow	ホワイトウィロー	*Salix alba*	セイヨウシロヤナギ。willow：ウィローはサリックス（ヤナギ）属植物の総称
	Wintergreen	ウインターグリーン	*Gaultheria procumbens*	チェッカーベリー、ボックスベリー、イースタンティーベリー
✕	Wisteria	ウィステリア	*Wisteria* spp.	ウィステリア（フジ）属
✕	Wolfsbane	ウォルスベイン	*Aconitum napellus*	アコニット
	Wood Aloe	アロエウッド	*Aquilaria agallocha*（→今は *Aquilaria malaccensis*）など	アガーウッド、沈香【ジンコウ】

	Wood Betony	ウッドベトニー	Betonica officinalis (→今は Stachys officinalis)	カッコウチョロギ、カッコウソウ
▲	Woodruff	ウッドラフ	Asperula odorata (→今は Galium odoratum)	クルマバソウ
✕	Wormwood	ワームウッド	Artemisia absinthium	コモンワームウッド、ニガヨモギ、アブシント
P	Yarrow	ヤロウ	Achillea millefolium	セイヨウノコギリソウ
	Yellow Daisies	イエローデイジー	perhaps Chrysanthemum leucanthemum (→今は Leucanthemum vulgare)	
▲	Yerba Mate	イエルバマテ	Ilex paraguariensis	マテ、ヤーバマテ
	Yerba Santa	イエルバサンタ	Eriodictyon californicum	ヤーバサンタ
✕	Yew	ユー	Taxus baccata	セイヨウイチイ Yew berry: ユーベリーはユーの果実
	Ylang-Ylang	イランイラン	Cananga odorata	
P	Yucca	ユッカ	Yucca spp.	ユッカ属

■著者紹介
スコット・カニンガム
スコット・カニンガムは自然のパワーによる魔法を20年以上も実践していた。フィクションやノンフィクションなど、30点を超える著書を執筆しており、その大半がルウェリン・パブリケーションズから出版されている。邦訳は『願いを叶える魔法のハーブ事典』(パンローリング刊)などがある。ニューエイジの分野では極めて高く評価されており、その著書は同分野の幅広い興味や関心を反映している。1993年3月28日、長い闘病生活の後に逝去。

■監修者紹介（※ハーブ一般名称、学名、別名・解説）
木村正典（きむら・まさのり）
NPOジャパンハーブソサエティー専務理事。カリス成城ハーブ研究所主席研究員。NHK「趣味の園芸やさいの時間」元講師。博士（農学）。ハーブの栽培や精油分泌組織の研究に長く携わる。著書に『ハーブの教科書』(草土出版)、『日本の伝統野菜』(GB)、『有機栽培もOK! プランター菜園のすべて』(NHK出版)、『木村式ラクラク家庭菜園』(家の光協会)、『園芸学』(文永堂出版)、監修に『願いを叶える魔法のハーブ辞典』『カルペパー ハーブ辞典』(いずれもパンローリング)など。

■訳者紹介
白井美代子（しらい・みよこ）
フィクション、実用書など幅広く翻訳・編集業務に携わる。

2016年2月4日 初版第1刷発行

フェニックスシリーズ㉜
願いを叶える魔法の香り事典

著　者	スコット・カニンガム
監修者	木村正典
訳　者	白井美代子
発行者	後藤康徳
発行所	パンローリング株式会社

〒160-0023　東京都新宿区西新宿7-9-18-6F
TEL 03-5386-7391　FAX 03-5386-7393
http://www.panrolling.com/
E-mail　info@panrolling.com

装　丁	パンローリング装丁室
印刷・製本	株式会社シナノ

ISBN978-4-7759-4151-5

落丁・乱丁本はお取り替えします。
また、本書の全部、または一部を複写・複製・転訳載、および磁気・光記録媒体に
入力することなどは、著作権法上の例外を除き禁じられています。

©Pan Rolling 2016　Printed in Japan

スコット・カニンガム シリーズ

願いを叶える 魔法のハーブ事典

ISBN 9784775941294　384ページ
定価：本体価格 1,800円＋税

世界各地で言い伝えられているハーブの「おまじない」やハーブを魔法で使うときに必要な情報を網羅。
ハーブの魔法についてさらに知識を深めたい方に最適の一冊。

◆まわりに埋めると豊かになれるバーベイン
◆持ち歩くと異性を惹きつけるオリス根
◆予知夢を見られるローズバッドティー
など、400種類以上のハーブをご紹介。

魔女の教科書
自然のパワーで幸せを呼ぶウイッカの魔法入門

ISBN 9784775941362　168ページ
定価：本体価格 1,500円＋税

ずっと昔から伝えられてきた「幸せの魔法」

ウイッカ（自然のパワーに対する畏敬の念を柱とした信仰そのもの、そしてそのパワーを実際に使う男女）の基礎となる知識を紹介。本書で基礎を学んだら、自分自身で魔法を作り出してみてください。自分やまわりの幸せを願って魔法を使えば、人生を好転させ、荒廃したこの世界にポジティブなエネルギーをもたらす存在となれるでしょう。